südwest

PROF. DR. MICHAELA AXT-GADERMANN
REGINA RAUTENBERG

SCHLANK MIT DARM

KOCHBUCH

100 REZEPTE
FÜR EINE GESUNDE DARMFLORA

südwest

INHALT

VORWORT

Lieben Sie es, Freunde einzuladen, köstlich zu bewirten und mit ihnen gemeinsam einen schönen Abend zu verbringen? Wenn ja, dann ist dieses Kochbuch genau das Richtige für Sie, denn hier finden Sie Rezepte, die Ihnen, Ihrer Familie, Ihren Freunden und den 100 Billionen bakteriellen Kumpels in Ihrem Darm schmecken. Ja, es ist erstaunlich: Ihr Darm hat mehr Bewohner, als Shakira, Ronaldo und der Papst zusammen genommen Follower auf Instagram und Freunde auf Facebook haben. Und diese bakteriellen Helfer in Ihrem Darm sind nicht virtuell, sondern legen sich wirklich Tag für Tag so richtig ins Zeug für Sie, damit Sie gesund bleiben, glücklich sind und sich über eine schöne Haut, beste Laune und eine gute Figur freuen können. Das ist doch Grund genug, auch diese Wohltäter regelmäßig zu einem guten Essen einzuladen!

Alle Gerichte im Rezeptteil enthalten präbiotische Ballaststoffe, die den Mikroben in Ihrem Darm richtig gut schmecken und ihre Entwicklung positiv beeinflussen werden. Doch keine Angst, bei »Entenbrust mit roten Linsen und Cashewkernen«, » Mediterranen Doraden aus dem Ofen« oder »Marokkanischem Couscous-Auflauf« kommen auch Sie selbst geschmacklich voll auf Ihre Kosten.

Einen guten Appetit wünschen

Michaela Axt-Gadermann
und Regina Rautenberg

GESUNDHEIT BEGINNT IM DARM

DER MIKROKOSMOS IN UNS

Mikroorganismen sind allgegenwärtig: in uns, auf uns und in unserer Umgebung. Sie machen 70 Prozent der Biomasse der Erde aus, leben auf unserer Haut, auf den Schleimhäuten und im Darm. Lebenslang tauschen wir mit unserer Umwelt Keime aus. Wissenschaftler stellten kürzlich fest, dass jeder Mensch von einer regelrechten Wolke aus Keimen umgeben ist und wir jede Stunde rund eine Million Mikroben an unsere Umwelt abgeben. Diese Mikrobenaura haftet an uns wie Kaugummi – und darüber dürfen wir uns freuen. Wir nehmen sie mit, wohin wir auch gehen. Ziehen wir in eine neue Wohnung, haben sich auch unsere Keime schon nach wenigen Stunden häuslich eingerichtet und sich auf Stühlen, Tischen und Türklinken niedergelassen. Wissenschaftler können anhand unserer bakteriellen Hinterlassenschaften in der Luft und im Staub sehr genau feststellen, wer wann in einem Raum war und ob Frauen oder Männer in der jeweiligen Wohnung leben. Inzwischen interessiert sich sogar die Kriminaltechnik dafür, denn wenn diese Methode noch etwas weiter verfeinert wird, kann man einen Täter damit dingfest machen, denn er hinterlässt trotz Handschuhen unverkennbare Spuren am Tatort, sozusagen seinen »bakteriellen Fingerabdruck«.

Auch in unserem Darm existiert eine eigene Welt, ein Mikrokosmos, der bis vor zehn Jahren so unbekannt war wie ein fernes Sonnensystem. Doch heute weiß man: Unser Verdauungstrakt ist der Lebensraum unvorstellbar vieler Mikroorganismen. Experten schätzen die Zahl der Darmbakterien auf rund 100 Billionen. Das sind hundertmal mehr Keime, als unsere Galaxie an Sternen zu bieten hat und zehnmal mehr, als unser Körper Zellen besitzt! Ein einziges Gramm Stuhl beherbergt mehr Keime, als Menschen auf der Erde leben. Man kann die Bedeutung der Darmbakterien gar nicht groß genug ansetzen, obwohl das Adjektiv »groß« nicht auf den einzelnen Keim zutrifft. Ein Bakterium misst nämlich nur einen Mikrometer, das entspricht einem Millionstel Meter und wiegt lediglich ein Femtogramm, das bedeutet, ein Millionstel eines Milliardstel Gramms.

Doch diese Winzlinge haben eine Mission: Sie sollen unsere Gesundheit stärken und unser Wohlbefinden steigern. Lange Zeit hat man das Mikrobiom, so bezeichnet man die Gesamtheit der Bakterien in unserem Darm, völlig unterschätzt und ihm an Aufgaben nicht mehr zugetraut, als unverdauliche Spei-

Selber kochen – die beste Art das Essen wertzuschätzen und sich gesund zu ernähren.

rung zu sich nimmt, das Wachstum und die Ausbreitung der gesundheitsfördernden Bakterien in seinem Darm.

Emulgatoren machen möglich, was von Natur aus eigentlich nicht funktioniert, nämlich, dass sich Fett und Wasser mischen. Deshalb sind Emulgatoren aus der modernen Fertiggerichte-Küche nicht mehr wegzudenken. Doch unserem Darm schmecken sie überhaupt nicht. Erhielten Mäuse in ihrem Futter zusätzlich Emulgatoren (Carboxymethylcellulose oder Polysorbat 80), dann verdoppelte sich bei einem Mäusetyp, der dafür besonders anfällig war, die Zahl der Fälle entzündlicher Darmerkrankungen. Aber auch robuste Mäuse, die normalerweise keine Darmprobleme hatten, wiesen nach Emulgatoren-Futter leichtere Darmentzündungen, Gewichtszunahme, einen Anstieg des Körperfetts und erhöhte Blutzuckerwerte auf. Wie Emulgatoren das genau anstellen, darüber streiten sich die Experten noch. Möglicherweise bewirken sie, dass das Fett der schleimigen Mucusschicht auf den Darmzellen wasserlöslich wird und diese Schleimschicht dann durch den vorbeiströmenden Darminhalt einfach von den Darmzellen »abgewaschen« werden kann. Auch unter dem Mikroskop lässt sich feststellen, dass die »Fettlöser« die Schleimverkleidung des Darms offensichtlich ausdünnen.

Wer abnehmen will, greift gerne zu **Süßstoffen**. Sie werden im Darm nicht resorbiert – deshalb schlagen sie sich auch nicht in der Kalorienbilanz nieder. Hört sich – insbesondere in den Ohren aller, die auf ihr Gewicht achten müssen –, erst einmal recht gut an. Doch im Verdauungstrakt bewirken die künstlichen Süßungsmittel grundlegende Veränderungen: Die Zahl der Keime, die Kohlenhydrate abbauen, steigt bei Süßstoffaufnahme stark an. Dadurch passiert etwas, das Figurbewusste gar nicht schätzen: Dem Körper werden plötzlich mehr (!) Zuckermoleküle aus der Nahrung zugeführt, obwohl der Süßstoff selbst gar nicht in den Körper gelangt. Es mag paradox klingen, aber statt der ersehnten Gewichtsabnahme scheint der kalorien- und zuckerfreie Süßstoff Übergewicht und Diabetes (»Zuckerkrankheit«) zu fördern.

sereste zu zerlegen. Doch in unserem Körper ist von Haus aus nichts unnötig oder überflüssig. Deshalb würde unser Organismus kein Billionen-Bakterien-Heer unterhalten, wenn diese lediglich die Arbeit von ein paar Verdauungsenzymen übernehmen müssten. Bis vor wenigen Jahren konnte man den größten Teil der Darmkeime labortechnisch noch gar nicht nachweisen und wusste deshalb nur wenig über ihren verborgenen Kosmos. Der Grund: Die meisten Bewohner unseres Gedärms sind sogenannte Anaerobier, das heißt, Sauerstoff ist für sie tödlich. Deshalb lassen sie sich auch nicht auf einem Nährboden im Labor anzüchten.
Doch seit Kurzem erlauben uns neue Analyseverfahren tiefe Einblicke in die beeindruckende Lebenswelt der Darmkeime. Und plötzlich stellen wir fest: Der Einfluss dieser Bakterien reicht weit über den Darm und das Verdauen von Nahrung hinaus. Der Darm steuert uns und unsere Gesundheit in einer Weise, wie sie uns noch vor wenigen Jahren unvorstellbar war.

Unser Darm bietet Billionen von Kleinstlebewesen ein Zuhause.

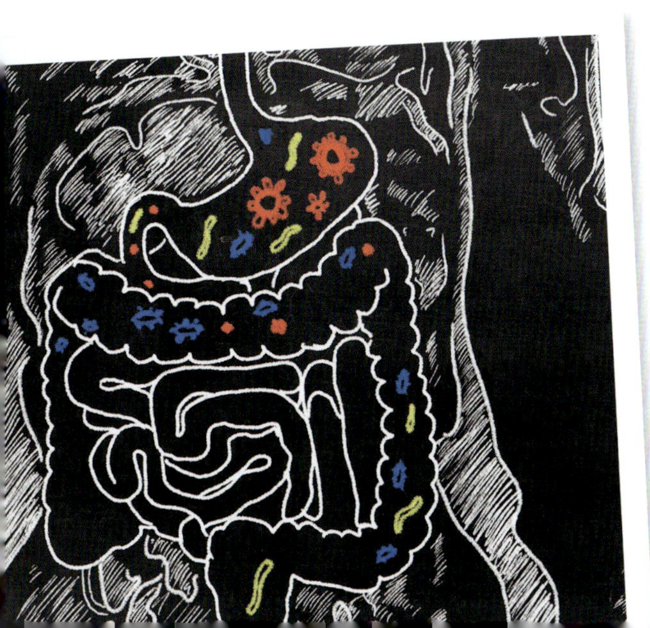

Und unsere Darmflora scheint eine mindestens ebenso große Bedeutung zu besitzen wie ein eigenes Organ, wenn ihr nicht sogar die Funktion einer Steuerzentrale, ähnlich dem Gehirn, zukommt. Wer etwas für seine Gesundheit und sein Wohlbefinden tun möchte, muss sich deshalb sorgsam um die Mikroorganismen in seinem Verdauungstrakt kümmern.

STÄNDIGE BEGLEITER – EIN LEBEN LANG

Welche Keime sich im Darm, auf unserer Haut oder den Schleimhäuten tummeln, hängt von vielen Faktoren ab. Kleine Kinder kommen mit einem nahezu keimfreien Darm auf die Welt, nehmen aber bereits im Geburtskanal der Mutter wichtige Mikroorganismen auf, die dann umgehend mit der Besiedelung des kindlichen Darms beginnen. Bei Kaiserschnittentbindungen hingegen haben Keime, die sich auf der Haut der Eltern oder den Kitteln der Ärzte und Schwestern befinden, die Nase vorn, was für die Entwicklung einer gesunden Darmflora des Babys nicht immer vorteilhaft ist. Die Darmflora beim Säugling ist mit rund 20 verschiedenen Bakterienstämmen noch recht einfach zusammengesetzt und anfällig für alle Arten von Störungen. Bekommt das Kind dann in den ersten Lebensjahren etwa krankheitsbedingt häufiger Antibiotika, schädigt das die Darmflora nachhaltig – wenn sich Ärzte und Eltern anschließend nicht wieder um deren Aufbau kümmern. Vor allem die Vielfalt der im Darm angesiedelten Bakterienstämme nimmt ab, manche wichtigen Keime lassen sich dann fast gar nicht mehr nachweisen, andere, der Gesundheit wenig zuträgliche, weil Entzündungen fördernde Bakterien machen sich breit. Kinder, die sehr früh keimtötende Medikament erhielten, haben deshalb nachweislich ein deutlich höheres Risiko, an Allergien zu erkranken und Übergewicht auszubilden. Diese Zusammenhänge zwischen Antibiotika und einer gestörten Darmflora bestehen auch bei Erwachsenen, doch bei Kindern sind die Auswirkungen aufgrund der noch recht instabilen Verhältnisse in ihrem Verdauungstrakt gravierender.

Ist ein Kind dann zwei, drei Jahre alt, gleichen sich die Verhältnisse in seinem Darm allmählich denen eines Erwachsenen an. Mit mehreren Hundert unterschiedlichen Keimen besitzt es nun auch endlich die so wichtige Bakterienvielfalt im Darm. Eine gesunde Darmflora fördert die Gehirnentwicklung schon in jungen Jahren und beugt Allergien vor. Gesund ist eine Darmflora dann, wenn sie vielfältig und abwechslungsreich ist, wenn einzelne Keimfamilien nicht überhandnehmen und keiner der wichtigen Bakterienstämme unterrepräsentiert ist. Im Erwachsenenalter schützt uns die Keimbesiedelung vor Gewichtsproblemen und Zuckerkrankheit, lässt uns Stress besser ertragen, steigert das Wohlbefinden und verringert das Risiko für Depressionen und Darmprobleme.

Im Alter verändert sich die Darmflora erneut. In Studien gelang der Nachweis, dass bei Senioren häufig die Zahl der wertvollen Bifidobakterien sinkt, sich dafür aber Keime ausbreiten, die potenziell gefährlich sind oder Entzündungen begünstigen, wie Clostridien und Enterobakterien. Geht älteren Menschen die Vielfalt ihrer Darmbakterien verloren, nehmen im Gegenzug Gebrechlichkeit und Pflegebedürftigkeit zu. Mehrere Studien deuten darauf hin, dass eine »junge« Darmflora auch den Organismus langsamer altern lässt. Die richtigen Keime halten die Hormonspiegel auf einem höheren Level, bieten freien Radikalen und Entzündungen, die Alterungsprozesse beschleunigen, Paroli und schützen sogar die Haut vor Falten (mehr dazu finden Sie in meinem Buch *Schön mit Darm*, Südwest Verlag 2017). Exkremente junger Artgenossen können sogar ein wahrer Jungbrunnen sein – wenigstens im Tierreich! Setzt man ältere Fische in ein Aquarium, in dessen Wasser zuvor junge Fische gelebt haben, nehmen die Senioren automatisch die Ausscheidungen und damit auch die Keime der Jungfische auf. Und

Um eine gesunde Darmflora sollte man sich von Kindesbeinen an kümmern.

das wirkt wie ein Bad in einem Jungbrunnen: Im Vergleich zu Fischen, die nicht in den Genuss der Darmkeime ihrer jungen Artgenossen gekommen waren, zeigten sie sich agiler und gesünder, und ihre Lebenserwartung stieg sogar um vierzig Prozent an.
Schon diese wenigen Beispiele belegen, dass die Bedeutung einer vielfältigen und ausgewogenen Darmflora gar nicht hoch genug einzuschätzen ist. Das reicht Ihnen noch nicht? Kein Problem, der Darm hat noch mehr Argumente, mit denen er auftrumpfen kann!

DIE WUNDERHEILER

Die Darmkeime schuften Tag für Tag und Nacht für Nacht für uns. Sie sind leistungswillig, unermüdlich und uns wohlgesonnen. Und sie sind kontaktfreudig, denn es gibt kaum ein Organ und kaum eine Körperzelle, die nicht von der Arbeit unserer winzigen Verbündeten profitieren. Mithilfe von Nervensignalen, Hormonen, Eiweißstoffen und Immunzellen pflegen sie ihre guten Verbindungen, bauen Netzwerke aus und bewahren uns unsere Gesundheit. Und die Aufgaben, vor denen die mikroskopisch kleinen Kerle stehen, sind gigantisch: Sie sind für Training und Ausbildung von 70 Prozent unserer Abwehrzellen verantwortlich und verdauen – gemeinsam mit den Bauchorganen – im Lauf unseres Lebens rund 30 Tonnen Nahrung. Ihre Stoffwechselleistung übertrifft die der Leber bei Weitem. Sie kümmern sich um die Pflege der 500 Quadratmeter großen Darmoberfläche. Der Verdauungstrakt produziert mehr als tausend bioaktive Stoffe und mindestens zwanzig verschiedene Hormone, darunter Glückshormone, Sättigungshormone, aber auch Botenstoffe, die unseren Appetit anregen. Nicht um-

ICH, WIRKLICH UNVERWECHSELBAR?

Möglicherweise sind wir gar nicht mal so einzigartig, wie wir vermuten. Denn angeblich besitzt jeder von uns irgendwo auf der Welt einen Zwilling, der ihm zum Verwechseln ähnlich sieht. Die Internetseite www.twinstrangers.net hat sich sogar zur Aufgabe gemacht, nicht verwandte Doppelgänger von überall auf der Welt in Kontakt zu bringen – die Fotos sind unglaublich! Doch es gibt etwas, das uns definitiv ganz allein gehört: unser Mikrobiom, die Gesamtheit aller Keime, die wir beherbergen. Wissenschaftler haben beim Vergleich Tausender Proben keine zwei Personen gefunden, deren Keimspektrum identisch war. Selbst die Darmflora eineiiger Zwillinge, die ja über die gleichen Erbanlagen verfügen, ähnelt sich zwar in einigen Bereichen, ist aber nicht identisch. Offensichtlich ist die Bakterienzusammensetzung in unserem Darm so individuell wie unser Fingerabdruck.

sonst gilt er als die größte Hormondrüse unseres Körpers.

Und noch etwas verschafft dem Darm eine Sonderstellung: Er ist als einziges Organ in der Lage, ohne Signale und Befehle des Gehirns auch außerhalb des Körpers noch tage- oder sogar wochenlang weiterzuarbeiten. Unsere Steuerzentrale im Kopf traut ihm also allerhand zu und lässt ihn sogar weitgehend eigenständig werkeln. Legt man ein Stück Darm in eine Laborschale mit Nährlösung, macht es weiterhin ganz gewissenhaft seinen Job: Das kleine Bisschen Verdauungstrakt produziert Stuhl und transportiert diesen weiter. Keine Lunge kann außerhalb des Körpers atmen, keine Schilddrüse Hormone produzieren und keine Niere Urin ausscheiden. Sogar unsere psychische Verfassung liegt in der Hand der Mikroorganismen, denn eine gesunde Darmflora bildet bei jedem Menschen – vom Säugling bis zum Senior – die Voraussetzung für ein gut funktionierendes Gehirn. Wie Studien gezeigt haben, litten Kinder, bei denen die Entwicklung ihrer Darmflora durch eine frühe Gabe bestimmter Milchsäurebakterien (*Lactobacillus rhamnosus*) unterstützt wurde, später seltener unter ADHS und Autismus. Und je vielfältiger die Darmflora von Kleinkindern zusammengesetzt war, desto friedlicher, weniger impulsiv, besser gelaunt und sozialer waren sie.

Auch als Erwachsene können wir uns dem Einfluss unserer Darmflora nicht entziehen. In einer französischen Studie bekamen 50 gesunde Personen täglich einen Fruchtriegel zu essen. Der Snack der einen Hälfte der Probanden enthielt probiotische Keime. Vier Wochen später fühlten sich die Teilnehmer, die täglich mit ihrem Riegel eine Portion Bakterien konsumiert hatten, glücklicher, zufriedener und weniger aggressionsbereit. Und Frauen, die einen Monat lang einen Darmbakterienmix zu sich genommen hatten, empfanden sich nicht nur subjektiv als weniger gestresst – ihr Stresshormonspiegel war tatsächlich messbar abgesunken.

Das Verrückte an dem Ganzen: Stimmung und Charakter sind mithilfe einer »Stuhltransplantation« sogar übertragbar – zumindest im Tierversuch ist das bereits gelungen. Überträgt man den Stuhl einer wilden, aggressiven Mäuserasse auf eine ruhige, besonnene Art, dann transplan-

Ein gutes Vollkornbrot ist Balsam für unser Mikrobiom.

tiert man mit den Kotkügelchen nicht nur die Darmkeime, vielmehr machen die Nager auch umgehend eine Persönlichkeitswandlung durch: Die bis dahin scheuen und zurückhaltenden Tiere werden plötzlich mutig und draufgängerisch.

Das waren nur ein paar Beispiele, quasi der Extrakt aus insgesamt rund 43 000 wissenschaftlichen Artikeln, die in den vergangenen zehn Jahren zum Thema »Darmflora und Gesundheit« veröffentlicht wurden. Auf kaum einem Gebiet der Wissenschaft verläuft die Entwicklung so rasant wie bei der Erforschung des Mikrobioms.

Die Zusammensetzung der Darmflora hängt eng mit unserem Leben und unserer Lebensweise zusammen. Ob wir in der Stadt oder auf dem Land wohnen, Einzelkinder waren oder mit Haustieren und einer großen Geschwisterschar aufwuchsen, ob wir Raucher oder Sportler sind – all das beeinflusst unser Mikrobiom.

Alle Experten sind sich jedoch darüber einig, dass unsere Ernährung die bedeutendste Rolle spielt. Was wir Tag für Tag essen und trinken, beeinflusst auch unsere Mikroben. Wer sich schlecht ernährt, muss sich deshalb nicht wundern, wenn auch die Stimmung in seinem Darm mies ist. Packen wir uns aber öfter mal gutes Darmbakterienfutter auf den Teller, können wir uns schon bald über eine gesunde und vielfältige Darmflora und einen Zuwachs an Gesundheit und Wohlbefinden freuen.

MACHEN SIE IHRE KEIME GLÜCKLICH!

Rund um die Uhr rackern sich unsere Helfer im Darm ab, damit bei uns alles rundläuft. Da ist es an der Zeit, sich erkenntlich zu zeigen, die Freunde öfter mal an eine reich gedeckte Tafel einzuladen und sie mit allem zu verwöhnen, was sie gern mögen. Darmbakterien bilden die Verbindung zwischen Kochtopf und Körper. Wie wir uns ernähren und was wir auf den Tisch bringen, beeinflusst die Zusammensetzung der Darmflora und damit auch unseren gesamten Organismus gewaltig. Unser Körper ist in das große Netzwerk der Mikroben einbezogen und somit Mitglied einer riesigen Gemeinschaft. Deshalb hängen unser Wohl und unsere Gesundheit zu einem Großteil vom Zustand und von der Zusammensetzung unserer Darmflora ab. Denn es deutet nicht nur alles darauf hin, dass die Ursache vieler Probleme und Erkrankungen im Darm zu suchen ist, sondern dass auch die Therapie dort ansetzen sollte.

Wer öfter selber kocht und regelmäßig bei Obst, Gemüse und Vollkornprodukten zulangt, verfügt meist über ein gesünderes und vielfältigeres Mikrobiom als derjenige, der sich vor allem von stark verarbeitetem Essen (Fertiggerichte!), von Fast Food und leicht verdaulichen Kohlenhydraten wie Kuchen, Weißbrot oder Pommes ernährt. Da unsere Mikroben von dem leben (müssen), was wir ihnen vorsetzen, breiten sich die Keime aus, die mit den Lebensbedingungen im jeweiligen Darm am besten zurechtkommen. Deshalb haben Vegetarier eine tendenziell an-

dere Darmflora als Schnitzelfreunde und Süßmäuler eine andere als Vollkornliebhaber.
Aber die Bakterienzusammensetzung in unserem Darm ist sozusagen nicht »in Stein gemeißelt«. Mithilfe einer Ernährung, die nicht nur uns schmeckt, sondern auch die Bedürfnisse unserer »Mitbewohner« berücksichtigt, lassen sich recht schnell positive Veränderungen der Darmflora erzielen. Bringen wir neue Lebensmittel auf den Tisch, passen sich die kleinen Kerle in unserem Verdauungstrakt an. Schon nach wenigen Tagen verändert sich die Zusammensetzung der Mikroorganismen messbar.
Doch behalten Sie dabei eines im Kopf: Ernährung wirkt in erster Linie langfristig. Deshalb reicht es für eine gesunde, vielfältige Darmflora nicht aus, nur hin und wieder bakterienfreundliche Ballaststoffe auf den Tisch zu bringen. Auch Ihrem Hund oder Ihrer Katze bekäme es nicht gut, wenn Sie ihnen nur einmal im Monat den Napf mit anständigem Fressen füllten. Unsere Bakterien wollen, ebenso wie wir, jeden Tag etwas Leckeres essen, und sie müssen jeden Tag gefüttert werden. Eine darmfreundliche Ernährung sollte daher alltagstauglich sein und vor allem gut schmecken. Im Rezeptteil finden Sie eine Menge köstlicher Rezepte, die den Bakterien und ihren Besitzern gleichermaßen munden. Wir sind aber durchaus realistisch und wissen, dass niemand tagein, tagaus seine Mahlzeiten nach den Rezepten aus demselben Kochbuch zubereitet. Deshalb geben wir Ihnen auf den nächsten Seiten zusätzlich noch eine Menge Tipps, wie Sie auch Ihre Lieblingsgerichte mit gesunden und darmfreundlichen Zutaten, die präbiotische Ballaststoffe und probiotische Keime enthalten, aufpeppen können. Entsprechende Nahrungsmittel finden Sie in den Tabellen auf den Seiten 18 und 21. Frisches Obst, Beeren und Gemüse, Kräuter, Öle, die Omega-3-Fettsäure enthalten, Fisch und Gewürze wie Ingwer und Kurkuma ergänzen den Speiseplan.

DIE LIEBLINGSGERICHTE UNSERER DARMBAKTERIEN

Nicht alles, was wir essen, kommt auch dort an, wo sich unsere gesundheitsförderlichen Bakterien am liebsten aufhalten. Die wichtigsten Darmbewohner sitzen nämlich ziemlich weit unten im Verdauungstrakt, genauer: im Dickdarm. Bis sie dorthin gelangt, hat die Nahrung schon eine lange Strecke zurückgelegt, und die meisten Nährstoffe wie Kohlenhydrate, Fette und Eiweiße, Vitamine, Mineralstoffe und Flüssigkeiten haben längst ihren Weg in den Körperhaushalt gefunden. Nur besonders widerstandsfähige Nahrungsbestandteile schaffen es unbeschadet durch den Magen, den Zwölffingerdarm und den Dünndarm bis in den weit entlegenen Dickdarm. Die Rede ist von präbiotischen Ballaststoffen, das heißt, von schwer verdaulichen Rohfasern, die den Verdauungssäften mit ihren leistungsfähigen Enzymen trotzen können. Nur sie sind in der Lage, die Bakterien mit allem, was sie zum Wachsen und Gedeihen benötigen, zu versorgen.
»Präbiotisch« bedeutet eigentlich »vor dem Leben« (von lat. *prae* = vor und griech. *bios* = das Leben), aber man könnte den Begriff »Präbiotika« auch einfach mit »Darmbakteriendün-

ger« übersetzen. Denn unser Darm lässt sich sehr gut mit einem Garten vergleichen – nicht umsonst spricht man ja auch von der »Darmflora«. Je nach Beschaffenheit und Nährstoffgehalt des Bodens sowie der Pflege siedeln sich in unserem Garten unterschiedliche Pflanzen an. Den Darmbakterien geht es ganz ähnlich. Da unsere Mikroben davon leben, was wir essen und trinken, breiten sich diejenigen Keime aus, die mit den Lebensbedingungen in unserem Darm gut zurechtkommen. Präbiotika tragen folglich zur Entwicklung einer gesunden und vor allem vielfältigen Darmflora bei, unterstützen deren Aktivität und fördern auch die Ansiedelung von »Probiotika«, das heißt, von nützlichen Bakterien (dazu gleich mehr). Was Präbiotika so interessant macht, ist die Tatsache, dass vor allem die gesundheitsfördernden Darmbakterien sie so lieben. Sobald sich die Bakterien über ihr Mahl hermachen, entstehen saure Stoffe, die ein saures Klima im Darm bewirken. Und das ist gut so, denn die meisten unerwünschten Keime können weder mit den Bakterienleckerlis etwas anfangen, noch fühlen sie sich in einem sauren Milieu wohl. Kein Wunder, dass ihre Anzahl dann rasch abnimmt.

Inulin, Oligofructose oder Galaktooligosaccharide sind keine gefährlichen Chemikalien, sondern die offiziellen Bezeichnungen der präbiotischen Inhaltsstoffe in Nahrungsmitteln, bei denen den nützlichen Keimen in unserem Darm sozusagen das Wasser im Mund zusammenläuft. Nur aus diesen Präbiotika können die gesundheitsfördernden Keime die benötigte Energie gewinnen. Und dieses Bakterienfutter ist nur in einigen Nahrungsmitteln enthalten. Leider besonders häufig in solchen, die bei der mitteleuropäischen Durchschnittsfamilie eher selten auf dem Tisch landen. Denn wer hat schon Rezepte mit Pastinaken, Topinambur, Maniokwurzeln oder Schwarzwurzeln in seinem Reper-

Die guten Bifidobakterien in unserem Darm lieben Chicorée.

BAKTERIENFUTTER? WOHER NEHMEN?

In vielen Ernährungsbüchern und Diätratgebern erfahren Sie, was Sie nicht essen sollen. Wir machen hier mal eine Ausnahme und nennen Ihnen Nahrungsmittel, von denen Sie ruhig mehr verzehren dürfen. Ihre Darmbakterien werden jubeln!

Inulin:

Besonders viel Inulin ist enthalten in: Chicorée, Artischocken, Knoblauch, Zwiebeln, Lauch (Porree), Bärlauch, Agavendicksaft, Schnittlauch, Schwarzwurzeln (Winterspargel), Spargel, Topinambur, Pastinaken, Zichorienwurzel (Wurzel der Wegwarte, enthalten in Zichorienkaffee, z. B. Caro-Kaffee), Endiviensalat, Yacon-Sirup, Inulinpulver aus der Zichorien- oder Chicoréewurzel.
Geringere Mengen Inulin findet man auch in: Bananen, Weizenkleie, Roggenmehl

Fructooligosaccharide / Oligofructose:

Besonders viele Fructooligosaccharide / Oligofructose sind enthalten in: Roggen, Hafer, Zwiebeln, Knoblauch, Bananen, Tomaten, Spargel, Bier

Resistente Stärke:

Besonders viel resistente Stärke ist enthalten in: etwas unreifen grüne Bananen, kernigen Haferflocken, weißen, roten oder grünen Bohnen, Erbsen, Linsen, Gerste, gekochten und wieder erkalteten Kartoffeln, gekochtem und wieder erkaltetem Reis, Vollkorn-Haferbrot, Haferbrei (aufgekocht und wieder abgekühlt), Hirse, Maniokwurzel, Weißbrot.

Pektin:

Besonders viel Pektin ist enthalten in: Obst (mit Schale), Gemüse

Lactulose:

Besonders viel Lactulose ist enthalten in: erhitzter Milch und Milchprodukten

Sonstige Nahrungsmittel mit präbiotischen Eigenschaften:

Mandeln, Chiasamen, Leinsamen, Honig, Grüntee, Granatapfelkerne, Granatapfelsaft, Cranberrys und Cranberrysaft, dunkle Schokolade, Kaffee, Äpfel mit Schale, Rotwein, Bier

toire? Doch keine Sorge: Auch gängige Lebensmittel wie Haferflocken, Bohnen, Linsen, Zwiebeln und Endiviensalat liefern Präbiotika. Und das Tolle: Sogar Kaffee, Rotwein, dunkle Schokolade und Bier schmecken den eifrigen Helfern in unserem Darm gut.

SETZEN SIE AUF INULIN UND RESISTENTE STÄRKE

Es gibt Köstlichkeiten, die unsere Darmflora besonders schätzt. Bei resistenter Stärke kann sie einfach nicht widerstehen! Doch wo finden wir die? In gekochten und wieder erkalteten Kartoffeln, in kalten Nudeln und in kaltem Reis! Die Stärke in einigen Nahrungsmitteln verändert sich durch das Erhitzen und anschließende Abkühlen, weshalb sie dann dem Verdauungsprozess in den oberen Darmabschnitten besser standhalten kann. Dadurch kommen größere Mengen im Dickdarm an und dienen den »freundlichen« Bakterien als gute Nahrungsquelle. Jetzt denken Sie vielleicht, dass Sie niemanden kennen, der auf kalten Reis oder kalte Kartoffeln scharf wäre. Aber einem leckeren Kartoffelsalat oder einem guten Sushi beim Japaner können dann doch die wenigsten widerstehen. Bei diesen Lebensmitteln ist das Abkühlen wichtig für die Bildung der begehrten resistenten Stärke. Eine kleine warme Kartoffel liefert ungefähr 1,8 Gramm davon, eine gleichgroße abgekühlte etwa doppelt so viel. Resistente Stärke bildet sich vor allem beim Erkalten von Nahrungsmitteln. Sie sollten deshalb nicht nur Reis, Nudeln und Kartoffeln, sondern auch Bohnen, Erbsen, Hirse etc. nach dem Kochen etwas abkühlen lassen. Übrigens ist es kein Problem, wenn Sie zum Beispiel die Kartoffeln nach dem Abkühlen wieder erhitzen, um beispielsweise leckere Bratkartoffeln daraus zuzubereiten. Denn wenn sie sich erst einmal gebildet hat, ist die resistente Stärke tatsächlich recht resistent und wird durch erneutes Erhitzen sogar noch resistenter..

Die meisten Menschen nehmen am Tag weniger als 5 Gramm resistente Stärke zu sich. Für einen gesunden Darm sollten es aber 10 bis 15 Gramm sein. Vor allem die wichtigen Schutzkeime *Faecalibacterium prausnitzii* und *Akkermansia muciniphila*, die man beide nicht in Form einer Nahrungsergänzung einnehmen kann, vermehren sich besonders gut, wenn ihnen ausreichend resistente Stärke zur Verfügung steht.

Sie müssen jetzt natürlich nicht jeden Tag zum Japaner gehen oder die Oma bitten, mal wieder ihren tollen Kartoffelsalat zu machen. Diese besondere Art von Stärke ist auch in weißen & grünen Bohnen und Vollkorn-Haferbrot enthalten. Ein heißer Tipp ist die nicht ganz reife, noch etwas grüne Banane: 100 Gramm davon liefern 12,5 Gramm resistente Stärke, eine reife Banane hingegen nur noch 4,7 Gramm. Wer rohen grünen Bananen nichts abgewinnen kann, der darf die Früchte natürlich auch zu einem leckeren Joghurt-Shake verarbeiten. Noch mehr

Nüsse und Kerne enthalten viele »gute« Fette und helfen dem Körper dabei, Vitamine besser aufzunehmen.

Lebensmittel mit resistenter Stärke finden Sie in der Übersicht auf Seite 18.

Ein weiteres wertvolles Präbiotikum, das vor allem von Laktobazillen und Bifidobakterien geliebt wird, ist Inulin. Sie finden dieses Bakterienfutter in zahlreichen Nahrungsmitteln (siehe die Zusammenstellung auf Seite 18) und auch in Nahrungsergänzungsmitteln. Wer allerdings unter einer Fruktoseintoleranz leidet, sollte mit Nahrungsergänzungsmitteln, die hochdosiertes Inulin enthalten, etwas vorsichtig sein, sonst drohen Blähungen. (Inulinhaltige Lebensmittel werden aber meistens gut vertragen.) Für alle anderen Menschen eignet sich Inulin hervorragend als »Muntermacher« ihrer Darmflora.

Fermentierte und eingelegte Lebensmittel enthalten wertvolle Probiotika.

DAS HEER DER GUTEN KEIME AUFSTOCKEN

Probiotische Keime sind schon seit Jahrtausenden ein wichtiger Bestandteil unserer Ernährung. Für die Herstellung von Sauerkraut, Käse, Joghurt und Kefir werden sie ebenso benötigt wie zur Produktion von Wein, Bier oder Sojasauce. Sie begegnen uns auch in Form von probiotischen Drinks, Süßigkeiten und Nahrungsergänzungsmitteln. Meist handelt es sich dabei um Keime aus der Gruppe der Milchsäurebakterien (Laktobazillen) oder Bifidobakterien. Der Gärprozess alkoholischer Getränke beruht häufig auf Hefepilzen.

»Probiotisch« dürfen sich Mikroorganismen dann nennen, wenn nachgewiesen ist, dass ein großer Teil davon den langen Weg vom Teller bis zum Dickdarm unbeschadet übersteht und sie der menschlichen Gesundheit nicht schaden, sondern nutzen. Probiotika werden inzwischen zur Behandlung des Reizdarmsyndroms eingesetzt, bei chronisch entzündlichen Darmerkrankungen und Durchfall. Aber auch außerhalb des Darms bewirken die Keime so einiges: Sie schützen uns vor Allergien, stärken die Abwehrkräfte und erhöhen unser psychisches Wohlbefinden. Die richtigen Probiotika unterstützen die Gewichtsreduktion, lassen die Haare glänzen und verschönern unsere Haut. Erhalten Kinder schon in sehr zartem Alter Probiotika, lassen sich die positiven Wirkungen noch Jahrzehnte später feststellen – solche Kinder sind zum Beispiel besser vor Neurodermitis, Allergien und ADHS geschützt.

WAS UNSERE »FREUNDLICHEN« BAKTERIEN GLÜCKLICH MACHT

Hier habe ich Ihnen einmal zusammengestellt, welche Nahrungsmittel laut entsprechenden Studien die einzelnen Keimstämme positiv beeinflussen können:

- **Bacteroidetes** (im Darm schlanker Menschen reichlich vorhanden): Äpfel, Haferflocken, Kaffee und (in Maßen) Rotwein und Bier
- **Prevotella** (wichtig für unser Gehirn, bei Menschen mit Neurodermitis zu wenig vertreten): Haferflocken, Kleie, Roggen, Rotwein
- ***Faecalibacterium prausnitzii*** (wichtiger Keim für die Darmbarriere, schützt vor Darmerkrankungen und Neurodermitis, wirkt entzündungshemmend): resistente Stärke, Inulin, ballaststoffreiche Ernährung, die Anzahl lässt sich auch durch andere probiotische Keime wie *Bifidobacterium longum* steigern
- ***Akkermansia muciniphila*** (wichtiger Keim für alle, die schlank bleiben möchten, von großer Bedeutung für die Regeneration der Darmschleimhaut, wirkt einem *Leaky-Gut*-Syndrom entgegen): Cranberrys, Cranberrysaft, dunkler Traubensaft, Trauben, resistente Stärke, Omega-3-Fettsäuren (Fisch, Leinöl, Rapsöl), Anstieg auch durch probiotische Keime wie *Lactobacillus plantarum, L. rhamnosus, Bifidobacterium breve, B. lactis* oder *B. longum*
- **Bifidokeime** (wesentlich für die Regulierung des Immunsystems, schützt vor Übergewicht, Entzündungen, Allergien und Autoimmunerkrankungen): Äpfel mit Schale, dunkle Schokolade, grüner Tee, inulin- und oligofructosehaltige Nahrungsmittel und Nahrungsergänzungsmittel. (Im Gegensatz zu den anderen oben aufgeführten Keimen bekommt man Bifidobakterien aber auch als Nahrungsergänzungsmittel.)

Einen Teil dieser wunderbaren Bakterien können wir mit unserer Nahrung aufnehmen und dadurch unsere Darmflora günstig beeinflussen. Deshalb finden Sie im Rezeptteil auch einige Rezepte mit probiotischen Milchprodukten, Sauerkraut und Sojasauce.

Doch in unserem Darm tummeln sich viele Bakterienstämme, die wir uns nicht mit Joghurt und Kefir oder in Form einer Nahrungsergänzung zuführen können, denn sie gedeihen zwar gut im sauerstoffarmen Milieu des Verdauungstrakts, gehen aber ein, sobald sie an die Luft kommen. Die Anzahl dieser Bakterien lässt sich nur mit Ernährungstricks erhöhen. Das zeigt wieder, dass wir uns unbedingt häufiger mal Gedanken darüber machen sollten, was wir essen.

PRÄ-, PRO- UND SYNBIOTIKA

Präbiotika (von lat. *prae* = vor und griech. *bios* = Leben, also »vor dem Leben«) sind unverdauliche Nahrungsbestandteile, die unsere Darmbakterien aber gerne vertilgen. Durch dieses »Futter« blühen die Darmkeime auf, wachsen und vermehren sich. Inulin, Oligofructose und resistente Stärke zählen zu den bakterienfreundlichen Nahrungsbestandteilen. Experten gehen davon aus, dass sich positive Wirkungen ab 5 Gramm Präbiotika täglich einstellen. Wichtig: Nicht alle Ballaststoffe zählen zu den Präbiotika. So dürfen sich nur diejenigen nennen, die dem Magensaft und anderen Verdauungssäften weiter oben im Darm standhalten und erst anschließend von den Darmbakterien »fermentiert«, das heißt, weiterverarbeitet werden.

»Probiotika« (von lat. *pro* = für und griech. *bios* = Leben) bedeutet »für das Leben«. Darunter versteht man bestimmte Bakterien, die in aktiver Form in den Darm gelangen und sich dort günstig auf die Gesundheit auswirken. Wichtig ist, dass die Keime den Angriffen der Magen- und Gallensäure ebenfalls widerstehen können und lebend im Dickdarm ankommen. Zu den Probiotika werden vor allem Milchsäurebakterien und Bifidobakterien gezählt.

Als »Synbiotika« (von griech. *syn* = zusammen, *bios* »Leben«) bezeichnet man Nahrungsergänzungsmittel, die sowohl Prä- als auch Probiotika enthalten. Sie haben den Vorteil, dass die probiotischen Bakterien bei ihrer Ankunft im Darm auch gleich was zu futtern haben. Das verbessert die Startbedingungen für die Probiotika deutlich.

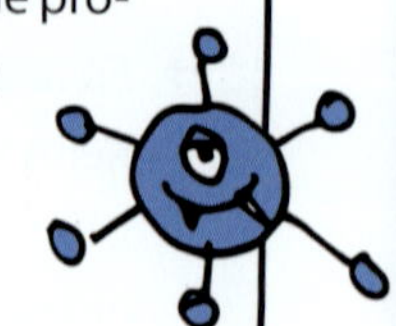

DAS DILEMMA MIT DEN FETTEN

Fett genießt nicht den besten Ruf. Doch Fett ist nicht gleich Fett! Zahlreiche Lebensmittel, von Wurst über Chips und Schokolade bis hin zu Pflanzenölen, Nüssen und Oliven, enthalten diesen lebenswichtigen Nährstoff. Fettsäuren sind ein wichtiger Bestandteil von Zellmembranen und werden für die Bildung zahlreicher Hormone benötigt. Verschiedene Vitamine können nur dann vom Körper aufgenommen werden, wenn auch Fette mit unterwegs sind.

Sogar die lange als unumstößlich geltende Annahme, dass der Konsum von Fett grundsätzlich und immer zu Übergewicht führt, ist inzwischen widerlegt. Nüsse enthalten zum Beispiel viel Fett und reichlich Kalorien, dennoch schaden sie nicht automatisch der Figur. Dr. David Katz, Leiter einer umfangreichen Studie am Yale University Prevention Research Center fand heraus, dass sich der tägliche Verzehr von Walnüssen im Rahmen einer Diät durchaus günstig auf die Gewichtsabnahme auswirkt und gleichzeitig der Cholesterinspiegel und das Dia-

betesrisiko sinken. Walnüsse liefern natürlich eine ganze Menge Kalorien. Dennoch sollte Sie das nicht davon abhalten, jeden Tag eine kleine Portion Nüsse in Ihren Speiseplan einzubauen.

Und auch beim Konsum von Fett kommt es auf die Menge und auf die Art des Fetts an. Eine darmfreundliche Ernährung, die unsere Bakterien glücklich macht, sollte auch Fett (natürlich in Maßen!) enthalten. Eine etwas fettreduzierte Ernährung mit einem hohen Anteil pflanzlicher Nahrungsmittel kann sogar die Artenvielfalt der Darmbakterien erhöhen – dann werden sich gesundheitsfördernde Keime mit schwer auszusprechenden Namen wie *Bacteroidetes*, *Faecalibacterium prausnitzii* und *Akkermansia muciniphila* eifrig vermehren.

Entscheidend ist, dass Sie die »richtigen« Fette auf den Tisch bringen. Doch woher nehmen? Setzen Sie auf hochwertige, mehrfach ungesättigte Omega-3-Fettsäuren. Die stecken in fettem Fisch wie Lachs, Makrele, Thunfisch oder Hering und in einigen pflanzlichen Ölen, allen voran in Lein- und Rapsöl. Während alle anderen Fettsäuren (gesättigte Fettsäuren, einfach ungesättigte Fettsäuren und Omega-6-Fettsäuren) in unserer Nahrung ausreichend oder sogar im Überfluss vorhanden sind, fehlt es uns hauptsächlich an den wertvollen Omega-3-Fettsäuren. Ein solcher Mangel fördert nicht nur Herzinfarkt und Schlaganfall – Demenz und Diabetes werden dadurch ebenfalls begünstigt.

Auch unseren Darmbakterien ist es nicht egal, welche Fettsäuren wir ihnen nach unten schicken. In den Därmen von Mäusen, die mit gesättigten Fetten aus Schweineschmalz gefüttert wurden, vermehrten sich Keime, die Entzündungen und Übergewicht fördern. Bekamen die Nager hingegen Fischöl, stieg die Anzahl gesundheitsfördernder Keime: Plötzlich tummelten sich in den Mäusedärmen viele Milchsäurebakterien, Bifidokeime und die ganz speziellen Freunde der Darmschleimhaut, *Akkermansia muciniphila*.

Um Ihren Bedarf an Omega-3-Fettsäuren zu decken, sollten Sie sich pro Woche mindestens zweimal fettreiche Fische wie Lachs, Makrele oder Hering auf den Teller packen und Ihre Mahlzeiten mit den richtigen Pflanzenölen (Lein-, Raps- oder Hanföl) und Nüssen anreichern. Als gute vegane Alternative zu Fischölkapseln dienen täglich ein bis zwei Esslöffel Leinöl. Wie Studien ergaben, steigt dadurch der Omega-3-Fettsäurespiegel im Blut messbar an. Sie können das Öl einfach

Lachs enthält wertvolle Omega-3-Fettsäuren.

DIE BESTEN OMEGA-3-FETTSÄURE-LIEFERANTEN

FISCH	
Fisch /100g	*Omega-3-Fett-säure-Gehalt*
Makrele	2700 mg
Lachs	1800 mg
Hering	1700 mg
Thunfisch	1600 mg
Sardine	1300 mg
NÜSSE UND SAMEN	
Nüsse /100g	*Omega-3-Fett-säure-Gehalt*
Leinsamen	6300 mg
Walnüsse	2500 mg
Macadamianüsse	60 mg
PFLANZENÖLE	
Öle/ 100 ml	*Omega-3-Fett-säure-Gehalt*
Leinöl	61 mg
Rapsöl	20 mg
Hanföl	20 mg
Walnussöl	10 mg

(Quelle: Modifiziert nach dem Ernährungs-Informations-System der Uni Hohenheim, 2005)

pur trinken oder es in einen Smoothie oder in Ihr Müsli einrühren. Streichen Sie dafür aber Sonnenblumen-, Soja-, Distel-, Mais- und Weizenkeimöl sowie die daraus hergestellten Margarinesorten von Ihrem Speisezettel, denn diese enthalten große Mengen der entzündungsfördernden Omega-6-Fettsäuren. Und davon haben wir in unserem Essen ohnehin schon mehr als genug.

GESUNDE ERNÄHRUNG IST NICHTS OHNE DARMBAKTERIEN

Wenn wir uns gesund ernähren möchten, sollten wir häufiger zu Obst und Gemüse, zu dunklen Beerensäften und Vollkornprodukten greifen, denn sie enthalten große Mengen an Schutzstoffen, sogenannten Polyphenolen. Auch Tee, Rotwein, (schwarzer) Kaffee und dunkle Schokolade liefern uns diese gesunden Pflanzenstoffe. Doch inzwischen weiß man, dass mehr als 90 Prozent der aufgenommenen Polyphenole nicht, wie die meisten anderen Nährstoffe, schon über den Dünndarm in den Körper aufgenommen werden können, denn unserem Verdauungstrakt fehlen die »Werkzeuge«, sprich die Enzyme, um diese besonderen Schutzstoffe aufzuspalten. Deshalb gelangen sie fast unverändert in den

Dunkle Beerensorten enthalten Polyphenole, wertvolle Schutzstoffe für unseren Darm.

Dickdarm. Und erst hier wird der kleine Nahrungsbestandteil Polyphenol zum Superstar – dank unserer Mikroorganismen! Denn ohne die Mitwirkung der Bakterien würden die meisten dieser Pflanzenstoffe den Darm einfach passieren und ungenutzt in die Toilette plumpsen – so wäre eine Vielzahl von Schutzstoffen für uns Menschen schlicht und einfach nicht nutzbar. Das zeigt, dass es wenig Sinn macht, über eine gesunde Ernährung nachzudenken, ohne die Darmbakterien, die eine Schlüsselrolle bei der Verarbeitung, Aufnahme und Nutzung unserer Nahrung spielen, miteinzubeziehen. Möglicherweise können also nur Menschen mit einer gesunden und intakten Darmflora von den zahlreichen günstigen Effekten der Polyphenole profitieren.

Doch glücklicherweise ist die Beziehung zwischen Polyphenolen und Mikrobiom keine Einbahnstraße. Wenn wir unsere Darmkeime regelmäßig mit Polyphenolen und anderen präbiotischen Nahrungsbestandteilen füttern, dann verändert sich die Darmflora langsam, aber stetig in eine positive Richtung. Denn hier im Reich der Darmbakterien geben diese gesunden Pflanzenstoffe unserer Mikroflora wichtige Impulse für ihre Entwicklung. Polyphenole tragen dazu bei, dass sich die Mikroorganismen in unserem Darm wohlfühlen. Sie fördern das Wachstum gesundheitsfördernder Keime und hemmen gleichzeitig die Entwicklung uns abträglicher Mikroorganismen. Die Menge an Polyphenolen, die wir bereits mit zwei Tassen Grüntee aufnehmen können, lassen Bifidobakterien sprie-

ßen. Granatapfelsaft und -kerne unterstützen Bifidobakterien und Laktobazillen gleichermaßen. Auch Kakao oder dunkle Schokolade schmecken den »guten« Keimen, lassen aber Schädlinge wie die Clostridien verhungern. Sie sehen also, dass eine darmflorafreundliche Ernährung nicht langweilig oder gar entbehrungsreich sein muss. Wir lieben Genussmittel wie Kaffee, Schokolade, Rotwein oder Bier, und genau das tun auch unsere Bakterien. Denn ob Grünkohl, Rotwein, Blaubeeren, Gelbwurz (Kurkuma) oder schwarze Johannisbeeren – offensichtlich sorgen fast alle polyphenolreichen Nahrungsmittel für ein gutes Darmklima und jagen die unerwünschten Keime zur Hintertür hinaus.

DIE BESTEN SCHUTZSTOFF-LIEFERANTEN

- ➜ **Beeren**: Gojibeeren, Açaibeeren, Blaubeeren, Himbeeren, Johannisbeeren
- ➜ **Kräuter und Gewürze**: Gewürznelken, Oregano, Kurkuma, Basilikum, Salbei, Ingwer
- ➜ **Dunkle Beerensäfte**: Holundersaft, Granatapfelsaft, Cranberrysaft, schwarzer Johannisbeersaft, Blaubeersaft
- ➜ **Gemüse**: Grünkohl, Spinat, rote Paprika, Kidneybohnen, Linsen
- ➜ **Sonstiges**: dunkle Schokolade, Espresso, Trockenfrüchte (Pflaumen, Rosinen)

ÖFTER MAL SELBST DEN KOCHLÖFFEL SCHWINGEN

Wer selber kocht, befindet sich klar im Vorteil – und seine Darmbakterien auch. Denn wer öfter mal selbst den Kochlöffel in die Hand nimmt, entdeckt vielleicht neue kreative Seiten an sich, außerdem kann er (oder sie) auch bestimmen, was am Ende auf dem Teller landet. Unsere Großmütter würden vieles von dem, was wir heute so in uns hineinstopfen, nicht unbedingt »Essen« nennen, sondern vielleicht eher als »Experiment aus der Chemieküche« bezeichnen. Zwar sind viele der Zusatzstoffe, die sich hinter den sogenannten E-Nummern in den Inhaltsangaben auf den Lebensmittelverpackungen verstecken, eigentlich harmlos, aber es gibt doch einige Bestandteile in unserem Essen, die dem Darm und seinen gesundheitsnützlichen Bewohnern auf Dauer arg zusetzen können. Vor allem Emulgatoren, einige Süßstoffe und manche Konservierungsmittel verändern die Zusammensetzung der Darmflora zum Schlechteren.

Konservierungsstoffe sind im Prinzip eine tolle Erfindung, denn sie halten Lebensmittel länger frisch. Sie töten Bakterien und Pilze im Essen und verhindern dadurch, dass unsere Nahrung verdirbt. Doch diese Lebensmittelzusätze unterscheiden nicht zwischen »guten« und »schlechten« Keimen und auch nicht zwischen Mikroorganismen im Essen und solchen im Darm. Deshalb hemmt jemand, der häufig und in großen Mengen Konservierungsstoffe mit der Nah-

TIPPS, WIE SIE IHRE DARMBAKTERIEN GLÜCKLICH MACHEN

1. Essen Sie vielfältig

Die Ernährung ist das A und O für eine gesunde und vielfältige Darmflora. Bringen Sie jede Menge Vielfalt in Ihre Mahlzeiten und verzehren Sie möglichst häufig prä- und probiotische Nahrungsmittel. Jeder Keim in Ihrem Darm hat andere Bedürfnisse. Wenn Sie Ihren Speisezettel sehr abwechslungsreich gestalten, stehen die Chancen gut, dass Sie damit all Ihren mikrobiellen Mitbewohnern gerecht werden. Idealerweise sollten Sie öfter selber kochen. Machen Sie dabei aber einen Riesenbogen um Zusatzstoffe wie Emulgatoren, Konservierungsmittel und künstliche Süßungsmittel.

2. Achten Sie auf Ballaststoffe

Mindestens 30 Gramm Ballaststoffe, besser noch etwas mehr, sollte sich jeder von uns täglich mit der Nahrung zuführen. Von diesem Ziel sind die meisten Menschen aber noch deutlich entfernt: Im Durchschnitt nehmen wir laut der Nationalen Verzehrsstudie nur rund 20 Gramm zu uns. Zwei Drittel der Männer und drei Viertel der Frauen erreichen die magische 30-Gramm-Grenze nicht. Besonders ballaststoffreich sind Nüsse, Samen (Mohn, Leinsamen), Hülsenfrüchte (Bohnen, Erbsen, Linsen), Beeren und Vollkornprodukte.

3. Vergessen Sie nicht, Ihre Darmbakterien zu füttern

Ballaststoffe bringen den Darm in Schwung und sorgen für eine gute Verdauung. Aber nicht alle Ballaststoffe sind auch präbiotisch, das heißt, nicht alle Pflanzenfasern fördern speziell die Entwicklung unserer Darmkeime. Deshalb sollten rund 10 bis 15 Gramm der Ballaststoffe aus Präbiotika bestehen. Hier können Sie nach Lust und Laune variieren und kombinieren. Ein Müsli mit Haferflocken, Leinsamen, Chiasamen und Cranberrys lässt unsere Darmbakterien Freudenfeste feiern!

4. Nicht zu low bei den Carbs

»Low Carb«, also eine Ernährung unter weitgehendem Verzicht auf Kohlenhydrate, liegt derzeit stark im Trend. Doch die Darmbakterien der Low-Carb-Anhänger leiden schon nach wenigen Tagen schrecklichen Hunger. Ihr Lieblingsessen sind nun mal kohlenhydrathaltige Fasern. Natürlich dürfen Sie Zucker, Schokolade und süße Gebäckteilchen gerne völlig weglassen. Aber setzen Sie auf Getreide, Obst und Gemüse, denn das alles liefert den Darmkeimen die Leckerli, die sie gerne futtern und mit denen sie bestens gedeihen.

5. Fleisch und Milchprodukte in Maßen

Reichlich Proteine und kaum Kohlenhydrate – derart einseitige Ernährungsformen führen schnell zu Chaos im Darm. Um das zu beweisen, setzten Wissenschaftler eine Gruppe von Testpersonen für einige Tage auf »Extrem-Diäten«. Zunächst mussten sich die Studienteilnehmer fünf Tage lang überwiegend von Fleisch, Milchprodukten und Käse ernähren: Zum Frühstück gab es Rührei mit Speck, mittags Rippchen und Steaks und abends eine Wurst-Käse-Platte. Nach dieser Phase und einer kurzen Pause erhielten die Probanden fünf Tage lang das andere Extrem, nämlich eine Ernährung, die hauptsächlich aus Pflanzenkost bestand: Körnerbrei zum Frühstück, Reis und Gemüse zum Mittag- und Abendessen. Vor, während und nach den beiden Diäten wurde die Darmflora der »Testesser« analysiert. Die Auswirkungen von Fleisch und Käse zeigten sich schon nach einem Tag: Umgehend breiteten sich bestimmte Bakterien aus der Gruppe der Bilophila-Keime aus. Der Begriff »bilophil« ist griechisch-lateinisch und bedeutet »galleliebend«. Gallensäure ist notwendig, um Fette zu verdauen, und diese Keime kommen damit gut zurecht. Das Problem: Aktuelle Untersuchungen zeigen, dass die Bilophila-Keime Entzündungen fördern, und Entzündungen wiederum stehen im Verdacht, zahlreiche Erkrankungen zu begünstigen und auch für Übergewicht mitverantwortlich zu sein. Fleisch und Milchprodukte dürfen also durchaus Bestandteile Ihrer Ernährung sein, aber Sie sollten sich dabei wirklich etwas zurückhalten, während gleichzeitig Obst und Gemüse auf Ihrem Speiseplan nicht fehlen dürfen. Zudem werden Sie Schweinefleisch – bis auf ein bisschen Schinken hier und da – in unseren Rezepten vergeblich suchen. Denn zum einen enthält Schweinefleisch die entzündungsfördernde Arachidonsäure (eine Omega-6-Fettsäure) in hoher Konzentration. Schweineschmalz liefert davon sehr große Mengen, aber auch regelmäßiger Schnitzelkonsum facht unterschwellig vorhandene Entzündungen noch weiter an. Zum anderen haben Studien ergeben, dass vor allem Schweinespeck und -fleisch die Vermehrung derjenigen Bilophila-Darmkeime anregen, die Entzündungen sowie eine Gewichtszunahme begünstigen. Nimmt man die gleichen Kalorien jedoch in Form von Fischöl auf, dann entwickeln sich die Milchsäurebakterien, Bifidokeime und *Akkermansia muciniphila* – die Schleimhautschützer – im Darm besonders gut.

6. Schokolade und Wein dürfen manchmal sein

Alkohol und Süßigkeiten gelten nicht unbedingt als Gesundheitsnahrung. Doch unsere Darmbakterien laben sich hin und wieder ganz gerne mal an einem Schlückchen Rotwein oder Bier (für Schnaps gibt es aber keine Freigabe!), und sie verachten auch (dunkle) Schokolade nicht. In Maßen konsumiert, liefern diese Genussmittel den

»guten« Bakterien einige wertvolle Nahrungsbestandteile wie Polyphenole, und diese Schutzstoffe unterstützen die Entwicklung einer gesunden Darmflora.

7. Geben Sie Keimen eine Chance

Ein übertrieben sauberes, keimarmes Umfeld schadet unserer Gesundheit und unserem Wohlbefinden. Desinfektionsmittel in Haushaltsreinigern, antibakterielle Seifen, keimtötende Spülmittel – unsere Umgebung wird zunehmend steriler. Doch unser Körper benötigt die regelmäßige Auseinandersetzung mit Keimen, um das Immunsystem auf Trab zu halten. Je hygienischer die Umgebung, desto häufiger treten beispielsweise Allergien oder Asthma auf, und desto eintöniger und damit schwächer wird unsere Darmflora. Auch unsere Darmbakterien freuen sich über ein bisschen Schmutz, denn der eine oder andere Keim, den wir durch eine nicht allzu »klinisch reine« Lebensweise aufnehmen, siedelt sich dann dauerhaft im Darm an und unterstützt die dort angesiedelten »Kollegen« bei ihrer Arbeit.

8. Leben Sie antientzündlich

Entzündungen in unserem Körper werden mit zahlreichen Krankheiten in Verbindung gebracht – von Übergewicht bis hin zu Depressionen und Demenz. Eine erhöhte Entzündungsbereitschaft kann vom Darm ausgehen, aber auch von hier aus gestoppt werden – je nach Zusammensetzung der Darmflora. Versuchen Sie, Entzündungen in Ihrem Körper mithilfe Ihrer Ernährung und der Lebensweise »herunterzufahren«. Eine gute Versorgung mit Omega-3-Fettsäuren sowie mit pflanzlichen Schutzstoffen (siehe den Kasten »Die besten Schutzstofflieferanten« auf Seite 26) senkt den Entzündungsstress im Körper.

9. Antibiotika mit großer Bedacht einsetzen

Unsere Darmflora leidet sowohl unter der Gabe verordneter Antibiotika als auch unter den »zwangsweise« mit Lebensmitteln und Trinkwasser aufgenommenen Antibiotikaspuren, denn die Medikamente unterscheiden nicht zwischen »nützlichen« und »gefährlichen« Bakterien.
Nach einer Antibiotikatherapie dauert es zwischen drei Monaten und einem Jahr, bis sich die geschädigte Darmflora wieder erholt hat – wenn man sie nicht direkt hinterher gezielt unterstützt und aufbaut. Und: Antibiotika machen auch dick und fördern die Entwicklung von Allergien! Deshalb: Wenden Sie Antibiotika bitte nur an, wenn es zwingend nötig ist und stellen Sie anschließend mithilfe einer darmfreundlichen Ernährung und synbiotischer Nahrungsergänzungsmittel das Bakteriengleichgewicht in Ihrem Darm wieder her.

10. Leben Sie im Einklang mit Ihren Keimen

Unsere Darmflora funktioniert am besten im Einklang mit unserer biologischen Uhr. Wer regelmäßig im Schichtdienst arbeitet, sollte besonders gut für seine Darmbakterien sorgen. Das bedeutet, während der Nacht möglichst leicht und fettarm zu essen, dafür die Mahlzeiten aber mit »Bakterienfutter« anzureichern. Planen Sie in Ihrer freien Zeit bitte ausreichend lange Schlafphasen ein. Denn auch eine dauerhafte Stressbelastung führt zur Störung der Darmflora, wodurch das Stressempfinden wiederum verstärkt wird. Wer sich in stressigen Situationen liebevoll um die Mikroorganismen in seinem Darm kümmert, empfindet weniger Anspannung und kann sogar seinen Stresshormonspiegel absenken – das wurde in mehreren Studien nachgewiesen.

Auf den nächsten Seiten finden Sie zahlreiche Rezepte, die Ihnen und Ihren Darmbakterien schmecken werden. Da ist sicher für jeden etwas dabei. Damit Sie schneller Rezepte finden, die auf Ihre Bedürfnisse zugeschnitten sind, haben wir mit den **Buttons** zum Beispiel Rezepte für Berufstätige markiert, die sich besonders gut mitnehmen lassen oder Gerichte, die Kindern schmecken. Wer sich lactose- oder glutenfrei ernähren möchte, wird hier ebenso fündig wie Vegetarier oder Veganer. Guten Appetit und viel Spaß beim Kochen und Genießen!

vegetarisch

vegan

für Kinder

für Berufstätige

lactosefrei

glutenfrei

FRÜHSTÜCK & SNACKS

KAISERSCHMARRN MIT NEKTARINEN-HIMBEER-SALAT

Zutaten für 4 Personen:
2 reife Nektarinen
125 g Himbeeren
½ Orange
10 g Ingwer
5 EL Agavendicksaft
1 Msp. Zimtpulver
1 EL gehackte Minze
½ Bio-Zitrone
30 g Walnusskerne
4 Eier
125 ml Milch
40 g Dinkelvollkornmehl
20 g feine Haferflocken
1 Msp. gemahlene Vanille
1 EL Chiasamen
1 Prise Salz
30 g getrocknete Cranberrys
3 EL Kokosöl

ZUBEREITUNG:

1 Die Nektarinen waschen, halbieren, entsteinen und in feine Spalten schneiden. Die Himbeeren verlesen, waschen und trocken tupfen. Die Orange auspressen. Den Ingwer schälen und sehr fein reiben. Orangensaft, Ingwer, 2 EL Agavendicksaft und Zimt verrühren. Den Sud über die Nektarinenspalten geben und mischen. Die Minze und die Himbeeren unterheben.

2 Die Zitrone heiß waschen, abtrocknen und die Schale dünn abreiben. Walnüsse hacken. Die Eier trennen. Eigelbe, Milch, Dinkelmehl, Haferflocken, Vanille, Chiasamen, Zitronenschale und Salz verrühren. Die Eiweiße in einem hohen Rührbecher steif schlagen und den restlichen Agavendicksaft kurz unterheben. Eischnee, Walnüsse und Cranberrys vorsichtig unter die Eigelbmasse heben.

3 Das Öl in einer großen Pfanne erhitzen. Den Teig hineingeben. Zugedeckt die Masse bei mittlerer Hitze darin langsam stocken lassen. Vorsichtig wenden und mithilfe von zwei Gabeln in Stücke zerreißen. Den Kaiserschmarrn weiterbraten, bis die Stücke rundherum gebacken sind. Mit dem Nektarinen-Himbeer-Salat servieren.

→ Pro Person: 410 kcal, 12 g Eiweiß, 21 g Fett, 39 g Kohlenhydrate, 6 g Ballaststoffe

SCHOKOLADEN-WALNUSS-KUCHEN

Zutaten für 12 Stücke:
150 g Zartbitterschokolade
(70 % Kakaoanteil)
150 g Walnusskerne
5 Eier
70 g weiche Butter
1 Prise Salz
70 g Honig
60 g Dinkelvollkornmehl
2 TL Backpulver

ZUBEREITUNG:

1 Den Backofen auf 150 °C vorheizen. Die Schokolade grob hacken, in eine Metallschüssel geben und auf einem warmen Wasserbad schmelzen lassen. Beiseitestellen.

2 Die Walnüsse grob mahlen. Die Eier trennen. Die Eiweiße steif schlagen. Butter, Salz und Honig schaumig rühren. Nacheinander die Eigelbe unterrühren. Walnüsse, Dinkelmehl und Backpulver mischen und mit der geschmolzenen Schokolade unter die Buttermasse rühren. Den Eischnee unterheben.

3 Die Masse in eine mit Backpapier ausgelegte Springform (26 cm ø) füllen und im Ofen auf der mittleren Schiene ca. 50 Minuten backen. Herausnehmen und auf einem Kuchengitter auskühlen lassen. Nach Wunsch noch mit gehackten Walnüssen bestreuen.

→ **Pro Stück: 270 kcal, 7 g Eiweiß, 20 g Fett, 15 g Kohlenhydrate, 2 g Ballaststoffe**

HASELNUSSWAFFELN MIT MANGOSAUCE

Zutaten für 4–5 Waffeln:
1 Bio-Limette
2 reife Mangos
6 EL Agavendicksaft
250 g Magerquark
1 große Prise Salz
4 EL Sonnenblumenöl
200 ml Milch
2 Eier
70 g Dinkelvollkornmehl
60 g feine Haferflocken
1 geh. TL Backpulver
30 g gehobelte Haselnüsse
1 EL Leinsamen

Außerdem:
Öl für das Waffeleisen

ZUBEREITUNG:

1 Für die Mangosauce die Limette heiß waschen, abtrocknen, die Schale dünn abreiben und den Saft auspressen. Die Mangos schälen, das Fruchtfleisch an beiden Seiten vom Kern abschneiden und die Hälfte in 2 cm große Würfel schneiden. Restliches Fruchtfleisch mit Limettenschale, Limettensaft und 3 EL Agavendicksaft pürieren. Mangowürfel untermischen.

2 Quark, Salz, Öl, Milch, restlichen Agavendicksaft und Eier in eine Schüssel geben und mit dem Mixer verrühren. Mehl, Haferflocken und Backpulver mischen und kurz unter den Teig rühren. Dann die Haselnüsse und den Leinsamen kurz unterrühren. Den Teig 5 Minuten ruhen lassen.

3 In der Zwischenzeit ein Waffeleisen bei höchster Stufe aufheizen. Die Backflächen des Waffeleisens mit etwas Öl einfetten. Den Teig portionsweise einfüllen und 4 bis 5 Minuten backen. Die Waffeln noch heiß mit der Mangosauce servieren.

→ Pro Waffel: 470 kcal, 16 g Eiweiß, 18 g Fett, 5 g Kohlenhydrate, 6 g Ballaststoffe

CHIA-ERDBEER-AUFSTRICH

Zutaten für 2 Gläser (à 300 g):
500 g Erdbeeren
ca. 3 EL Chiasamen
3 EL Agavendicksaft

ZUBEREITUNG:

1 Die Erdbeeren waschen, putzen, in Stücke schneiden und in einen hohen Rührbecher geben. Die Chiasamen dazugeben und alles pürieren. Mit dem Agavendicksaft süßen. 1 Stunde kühl stellen. Sollte der Aufstrich nicht fest genug sein, einfach noch 1 EL Chiasamen untermischen.

2 In Gläser füllen und verschließen. Im Kühlschrank ist der Aufstrich 4 bis 5 Tage haltbar.

➜ Pro EL (20 g): 20 kcal, 0 g Eiweiß, 0 g Fett, 2 g Kohlenhydrate, 1 g Ballaststoffe

TIPP

Sehr gut schmeckt auch ein Johannisbeeraufstrich. Dafür 400 g rote Johannisbeeren waschen und die Beeren mit einer Gabel abstreifen. Die Beeren in einen hohen Rührbecher geben und pürieren. 2 EL gemahlene Mandeln, 2 EL Chiasamen und 5 gehackte Blättchen Zitronenmelisse unterrühren. Mit 4 EL Agavendicksaft süßen.

SÜßE MANDELBRÖTCHEN

Zutaten für 12 Stück:

150 g Magerquark

1 Ei

4 EL Rapsöl

3 EL Agavendicksaft

100 g Weizenvollkornmehl

100 g gemahlene Mandeln

2 TL Backpulver

50 g Mandeln

50 g kernige Haferflocken

ZUBEREITUNG:

1 Den Backofen auf 200 °C vorheizen. Quark, Ei, Rapsöl und Agavendicksaft verrühren. Mehl, gemahlene Mandeln und Backpulver mischen und unter die Quarkmasse rühren. Die Mandeln hacken und mit den Haferflocken unter den Teig mischen.

2 Aus dem Teig mithilfe von zwei Esslöffeln 12 kleine Brötchen formen, auf ein mit Backpapier belegtes Backblech setzen und 15 bis 20 Minuten backen.

→ Pro Stück: 170 kcal, 5 g Eiweiß, 11 g Fett, 12 g Kohlenhydrate, 3 g Ballaststoffe

TIPP

Dazu passt besonders gut der Chia-Erdbeer-Aufstrich von Seite 39.

LEINSAMENBRÖTCHEN

Zutaten für 6 Stück:

175 g Weizenvollkornmehl
2 EL geschrotete Leinsamen
3 EL Chiasamen
1 TL Backpulver
½ TL Salz
½ TL Kümmel
1 kleine Möhre (50 g)
175 g Magerquark
50 g Frischkäse mit Joghurt
1 Ei

Außerdem:

grobes Meersalz und Kümmel zum Bestreuen

ZUBEREITUNG:

1 Mehl, Leinsamen, Chiasamen, Backpulver, Salz und Kümmel mischen. Die Möhre putzen, schälen und sehr fein reiben. Den Quark, den Frischkäse und das Ei verrühren. Die Möhren untermischen. Die Mehlmischung dazugeben und gut unterrühren. Den Teig etwa 10 Minuten ruhen lassen.

2 Den Backofen auf 200 °C vorheizen. Aus dem Teig mit bemehlten Händen 6 gleich große Kugeln formen, auf ein mit Backpapier belegtes Backblech legen und etwas flach drücken. Auf einem Teller Salz und Kümmel mischen. Die Brötchen mit Wasser bepinseln, mit der Oberfläche in die Würzmischung drücken und wieder auf das Backblech setzen. Im Ofen 35 bis 40 Minuten goldbraun backen.

→ Pro Stück: 190 kcal, 11 g Eiweiß, 6 g Fett, 20 g Kohlenhydrate, 6 g Ballaststoffe

KNUSPERRIEGEL MIT CRANBERRYS

Zutaten für etwa 20 Stück:
20 g Walnusskerne
20 g Mandelkerne
50 g getrocknete Cranberrys
50 g Rosinen
30 g Butter
150 g Honig
1 TL Zimtpulver
150 g kernige Haferflocken

ZUBEREITUNG:

1 Den Backofen auf 170 °C vorheizen. Die Walnüsse und die Mandeln grob hacken. Die Cranberrys und die Rosinen ebenfalls hacken. Früchte, Butter, Honig und Zimt in einen Topf geben, aufkochen und 2 Minuten köcheln lassen. Die Haferflocken und die Nüsse unterheben, bis alles gut vermischt ist.

2 Die Müslimasse auf ein mit Backpapier belegtes Backblech geben und zu einem Rechteck von etwa 20 x 25 cm ausstreichen. Im Ofen auf der mittleren Schiene etwa 15 Minuten backen. Herausnehmen. Die Masse ist noch etwas weich und wird nach dem Abkühlen fest. Die Müsliplatte noch warm vorsichtig in 5 x 2,5 cm große Stücke schneiden.

→ Pro Stück: 90 kcal, 2 g Eiweiß, 3 g Fett, 14 g Kohlenhydrate, 1 g Ballaststoffe

TIPP

Zum Aufbewahren in eine verschließbare Dose füllen. Haltbarkeit: 3 Tage.

KNUSPERMÜSLI MIT ORANGENJOGHURT

Zutaten für 2 Personen:

20 g Haselnüsse
20 g Pekannüsse
60 g Dinkelflocken
1 EL Flohsamen
10 g geschroteter Leinsamen
1 TL Rapsöl
½ Melone (z. B. Cantaloupe- oder Ogen-Melone)
1 Kiwi
20 g Gojibeeren
250 g Vollmilchjoghurt
100 g Magerquark
2 EL Orangensaft
1 TL abgeriebene Schale von einer Bio-Orange
1 TL gemahlene Vanille
1 EL gehackte Zitronenmelisse

ZUBEREITUNG:

1 Nüsse grob hacken und mit Dinkelflocken, Flohsamen und Leinsamen mischen. In einer beschichteten Pfanne das Öl erhitzen. Darin die Müslimischung kurz anrösten. Herausnehmen und abkühlen lassen.

2 Die Melone entkernen, in dünne Spalten schneiden, das Fruchtfleisch von der Schale abschneiden und würfeln. Die Kiwi schälen und in Scheiben schneiden. Das geschnittene Obst mit den Gojibeeren mischen. Auf zwei Schälchen verteilen.

3 Die restlichen Zutaten verrühren und auf das Obst geben. Mit der Müslimischung bestreuen.

→ **Pro Person: 560 kcal, 23 g Eiweiß, 24 g Fett, 56 g Kohlenhydrate, 13 g Ballaststoffe**

TIPP

Wer öfter Müsli isst, macht einfach gleich eine größere Menge Nüsse. Diese hacken und mit Öl mischen. Dann auf ein mit Backpapier geben und im Ofen bei 200 °C etwa 20 Minuten rösten. Abkühlen lassen und in eine gut verschließbare Dose füllen. Übrigens, Sie können für das Rezept auch Mandeln, Sonnenblumenkerne und Walnüsse verwenden.

THUNFISCHAUFSTRICH

Zutaten für 2 Personen:
1 kleine Tomate
1 Schalotte
1 Dose Thunfisch naturell
(185 g Abtropfgewicht)
1 EL Zitronensaft
100 g Vollmilchjoghurt
1 EL Schmand
2 TL Kapern
Salz
Pfeffer

ZUBEREITUNG:

1 Die Tomate waschen, vom Stielansatz befreien und in kleine Würfel schneiden. Die Schalotte schälen und fein würfeln. Den Thunfisch gut abtropfen lassen und etwas zerpflücken.

2 Thunfisch, Tomate und Schalotte mischen. Die restlichen Zutaten dazugeben und untermischen. Abschmecken.

→ Pro Person: 160 kcal, 24 g Eiweiß, 4 g Fett, 5 g Kohlenhydrate, 1 g Ballaststoffe

TIPP

Der Thunfischaufstrich passt besonders gut zu Vollkornbrot.

AVOCADOAUFSTRICH

Zutaten für 2 Personen:

1 reife Avocado
1 EL Zitronensaft
2 EL Schmand
1 EL gehackte Mandeln
Salz
Cayennepfeffer

ZUBEREITUNG:

1 Die Avocado schälen, halbieren, den Kern entfernen und das Fruchtfleisch zerdrücken.

2 Zitronensaft, Schmand, Mandeln, Salz und Cayennepfeffer unter die Avocado mischen. Alles abschmecken. Der Aufstrich schmeckt sehr gut auf Vollkornbrot.

→ Pro Person: 190 kcal, 3 g Eiweiß, 17 g Fett, 4 g Kohlenhydrate, 4 g Ballaststoffe

BAGUETTEBRÖTCHEN MIT MARINIERTEM GEMÜSE

Zutaten für 2 Personen:

1 kleinen Zucchino
1 EL Olivenöl
Salz
Pfeffer
2 EL Aceto balsamico
100 g geröstete und eingelegte Paprika in Streifen (aus dem Glas)
20 g getrocknete Tomaten
75 g Feta
2 Blätter Endiviensalat
2 Vollkornbaguettebrötchen
2 EL Pesto

ZUBEREITUNG:

1 Zucchino putzen, waschen und in dünne Scheiben schneiden. Das Öl in einer beschichteten Pfanne erhitzen und die Zucchinischeiben darin etwa 5 Minuten braten. Mit Salz und Pfeffer würzen. Mit Aceto balsamico beträufeln und abkühlen lassen.

2 Die Paprika gut abtropfen lassen. Die Tomaten in Streifen schneiden. Den Feta in dünne Scheiben schneiden oder grob zerbröseln. Endiviensalat waschen und trocken tupfen.

3 Die Brötchen halbieren und die Unterteile mit dem Pesto bestreichen. Mit je einem Blatt Endiviensalat belegen. Zucchini, Paprika, getrocknete Tomaten und Käse darauf verteilen. Die Oberteile auflegen und etwas andrücken.

→ Pro Person: 460 kcal, 16 g Eiweiß, 21 g Fett, 45 g Kohlenhydrate, 9 g Ballaststoffe

PFANNKUCHENRÖLLCHEN MIT QUARK

Zutaten für 4 Personen:
100 g Vollkornmehl
250 ml Milch
2 Eier
Salz
300 g Erdbeeren
200 g Speisequark (20 % Fett i. Tr.)
1 EL Hanfsamen
¼ TL gemahlene Vanille
1 EL Orangensaft
flüssiges Stevia
4 TL Kokosöl

ZUBEREITUNG:

1 Mehl, Milch, Eier und 1 Prise Salz verrühren. Den Teig etwa 10 Minuten quellen lassen.

2 Die Erdbeeren waschen, putzen und in Scheiben schneiden. Quark, Hanfsamen, Vanille und Orangensaft verrühren. Mit etwas Stevia süßen.

3 Eine beschichtete Pfanne erhitzen, mit 1 TL Öl auspinseln. Ein Viertel des Teiges hineingeben und durch Schwenken gleichmäßig darin verteilen. 1 bis 2 Minuten backen, mit einem Pfannenwender umdrehen und in 1 Minute fertig backen. Herausnehmen. Aus dem restlichen Teig drei weitere Pfannkuchen backen.

4 Pfannkuchen mit der Quarkmasse bestreichen, die Erdbeeren darauf verteilen und aufrollen.

→ Pro Person: 290 kcal, 15 g Eiweiß, 13 g Fett, 24 g Kohlenhydrate, 7 g Ballaststoffe

APFEL-PORRIDGE MIT ZWEIERLEI BEEREN

Zutaten für 2 Personen:
80 g Vollkornhaferflocken
400 ml Wasser
1 EL Chiasamen
150 g körniger Frischkäse
150 g Vollmilchjoghurt
etwas Ahornsirup (nach Geschmack)
2 Äpfel
20 g getrocknete Cranberrys
20 g getrocknete Aroniabeeren
20 g gehackte Haselnüsse

ZUBEREITUNG:

1 Die Haferflocken in einem Topf ohne Fett anrösten. Mit Wasser ablöschen und aufkochen. Chiasamen unterrühren und die Haferflocken bei geringer Hitze quellen lassen. Zwischendurch umrühren. Sobald der Haferbrei dickflüssig ist, vom Herd nehmen und abkühlen lassen.

2 Den Frischkäse und den Joghurt verrühren. Eventuell mit etwas Ahornsirup süßen. Die Äpfel waschen, vierteln, das Kerngehäuse entfernen und in dünne Spalten schneiden. Äpfel, Cranberrys und Aroniabeeren mit der Quarkmasse auf dem Haferbrei anrichten. Die Haselnüsse darüberstreuen.

→ Pro Person: 450 kcal, 20 g Eiweiß, 15 g Fett, 64 g Kohlenhydrate, 13 g Ballaststoffe

BEERENKALTSCHALE MIT WALNÜSSEN

Zutaten für 2 Personen:
150 g Heidelbeeren
150 g Erdbeeren
1 Bio-Zitrone
300 g Sojajoghurt natur
100 ml Sojadrink Vanille
1 EL Hanfsamen
2 EL Agavendicksaft
30 g Walnusskerne
1 EL fein geschnittene oder gehackte Zitronenmelisse

ZUBEREITUNG:

1 Die Heidelbeeren verlesen und waschen. Die Erdbeeren waschen, putzen und je nach Größe halbieren oder vierteln. Die Zitrone heiß waschen, trocken reiben, die Schale abreiben und den Saft auspressen.

2 Sojajoghurt, Vanilledrink, Hanfsamen, Agavendicksaft, Zitronenschale und -saft verrühren. Die Beeren dazugeben und alles pürieren. Kalt stellen.

3 Die Walnüsse hacken. Die Kaltschale mit den Nüssen und der Zitronenmelisse anrichten.

→ Pro Person: 330 kcal, 12 g Eiweiß, 16 g Fett, 30 g Kohlenhydrate, 8 g Ballaststoffe

HIMBEER-HONIG-MUFFINS

Zutaten für 12 Stück:
2 Eier
7 EL Sonnenblumenöl
200 g fettarmer Joghurt (1,8 % Fett)
80 g Honig
1 große Prise Salz
½ TL gemahlene Vanille
320 g Dinkelvollkornmehl
3 EL Chiasamen
2 TL Backpulver
250 g TK-Himbeeren

Außerdem:
12 Papierförmchen
12er-Muffinblech

ZUBEREITUNG:

1 Den Backofen auf 180 °C vorheizen. Eier, Öl, Joghurt, Honig, Salz und Vanille verrühren. Dinkelmehl, Chiasamen und Backpulver mischen. Die Mehlmischung und die unaufgetauten Himbeeren sehr kurz unter die Ei-Joghurt-Masse heben, sodass die Zutaten gerade eben vermischt sind.

2 Die Papierförmchen in die Mulden des Muffinblechs setzen. Den Teig einfüllen. Im Ofen auf der 2. Schiene von unten 25 bis 30 Minuten backen.

3 Die Muffins zuerst 10 Minuten im Blech abkühlen lassen, dann aus den Formen lösen und auf einem Kuchengitter auskühlen lassen.

→ **Pro Stück: 210 kcal, 6 g Eiweiß, 9 g Fett, 24 g Kohlenhydrate, 4 g Ballaststoffe**

TIPP

Die Muffins schmecken frisch am besten, können aber auch eingefroren werden. Diese nach dem Auftauen einfach nochmal kurz aufbacken, so schmecken sie fast wie frisch gemacht.

SUPPEN & SALATE

SPARGEL-BÄRLAUCH-SUPPE

Zutaten für 4 Personen:
1 kg weißer Spargel
Salz
½ TL Zucker
30 g Butter
1 kleines Bund Bärlauch
500 ml Gemüsebrühe
200 g festkochende Kartoffeln
Pfeffer
100 g Sahne
1 EL Zitronensaft

ZUBEREITUNG:

1 Den Spargel waschen, schälen und die Enden abschneiden. Die Stangen in Stücke schneiden. Die Spargelschalen und -abschnitte in 500 ml gesalzenem Wasser mit dem Zucker und 10 g Butter etwa 15 Minuten kochen.

2 Den Bärlauch waschen, trocken schütteln und die Blätter grob hacken. Die Spargelschalen durch ein Sieb gießen und den Sud auffangen. Den Sud mit der Brühe aufkochen und die Spargelköpfe darin etwa 5 Minuten kochen. Herausnehmen. Die Spargelstücke und den Bärlauch hineingeben und etwa 15 Minuten garen.

3 Die Kartoffeln schälen, waschen, in kleine Würfel schneiden und in der restlichen Butter etwa 10 Minuten knusprig braten. Mit Salz und Pfeffer würzen.

4 Die Suppe mit einem Pürierstab fein pürieren, die Sahne dazugießen und aufkochen. Mit Zitronensaft, Salz und Pfeffer abschmecken. Die Spargelköpfe dazugeben und kurz erwärmen. Mit den Kartoffelwürfeln anrichten.

→ Pro Person: 220 kcal, 5 g Eiweiß, 17 g Fett, 12 g Kohlenhydrate, 4 g Ballaststoffe

PIKANTE FISCHSUPPE MIT PAPRIKA

Zutaten für 4 Personen:
1 Stange Porree
2 Paprikaschoten
250 g festkochende Kartoffeln
1 Schalotte
4 EL Olivenöl
Salz
Pfeffer
Chiliflocken
800 g stückige Tomaten (aus der Dose)
400 ml Fischfond (oder Gemüsebrühe)
1 Bund Petersilie
1 Knoblauchzehe
30 g gehackte Mandeln
100 g schwarze, entsteinte Oliven
2 EL Orangensaft
400 g Kabeljaufilet
250 g Heilbuttfilet

ZUBEREITUNG:

1 Den Porree putzen, waschen und in Ringe schneiden. Die Paprikaschoten putzen, waschen und in Stücke schneiden. Die Kartoffeln schälen, waschen und in Scheiben schneiden. Die Schalotte schälen, fein würfeln. In einem Topf 2 EL Öl erhitzen und die Schalotte darin andünsten. Porree, Kartoffeln und Paprika dazugeben und andünsten. Mit Salz, Pfeffer und Chili würzen. Die Tomaten und den Fond dazu gießen und alles etwa 20 Minuten köcheln lassen.

2 Die Petersilie waschen, trocken tupfen und die Blättchen hacken. Die Knoblauchzehe schälen. Petersilie, Knoblauch, Oliven und Mandeln mit dem restlichen Öl und Orangensaft im Mixer fein pürieren. Mit Salz und Pfeffer abschmecken.

3 Die Fischfilets waschen, trocken tupfen und in Stücke schneiden. Fisch in die Suppe geben und 5 bis 10 Minuten gar ziehen lassen. Die Olivenpaste dazu reichen.

→ **Pro Person: 420 kcal, 37 g Eiweiß, 21 g Fett, 17 g Kohlenhydrate, 7 g Ballaststoffe**

HÜHNERSUPPE MIT ROTEN LINSEN

Zutaten für 4 Personen:
1 küchenfertige Poularde (ca. 1,2 kg)
1 Bund Suppengemüse
2 Lorbeerblätter
2 TL Salz
1 TL Pfefferkörner
1 Fleischtomate
500 g Blattspinat
1 Bio-Zitrone
150 g rote Linsen
Pfeffer
einige Blätter Bärlauch

ZUBEREITUNG:

1 Die Poularde waschen, in einen Topf geben und so viel Wasser dazugeben, bis die Poularde bedeckt ist (etwa 1,5 l). Das Suppengemüse putzen beziehungsweise schälen, waschen und in Stücke schneiden. Suppengemüse, Lorbeerblätter, Salz und Pfefferkörner ebenfalls in den Topf geben. Aufkochen und bei geringer Hitze etwa 1 ¼ Stunden köcheln lassen.

2 Die Tomate häuten (siehe Tipp Seite 137), halbieren, entkernen, den Stielansatz entfernen und in Spalten schneiden. Den Spinat verlesen, putzen, waschen und abtropfen lassen. Die Zitrone heiß waschen, trocken reiben und die Schale abreiben. Den Saft auspressen.

3 Die Poularde herausnehmen und etwas abkühlen lassen. Die Brühe durch ein Sieb in einen anderen Topf abgießen, das Gemüse entfernen. Die Poularde mit einem scharfen Messer zerteilen. Die Haut abziehen und wegwerfen. Das Fleisch von den Knochen lösen und klein schneiden.

4 Die Linsen in gesalzenem Wasser nach Packungsanweisung garen. Abgießen und abtropfen lassen. Die Brühe aufkochen. Den Spinat und die Tomatenspalten hineingeben und etwa 5 Minuten garen. Das Hähnchenfleisch dazugeben und erhitzen. Mit Salz, Pfeffer, Zitronensaft und -schale abschmecken. Bärlauch hacken und darüberstreuen. Die Linsen dazu reichen und portionsweise in die Suppe geben.

→ **Pro Person: 510 kcal, 54 g Eiweiß, 21 g Fett, 23 g Kohlenhydrate, 5 g Ballaststoffe**

LAMM-GEMÜSETOPF MIT CRANBERRYS

Zutaten für 4 Personen:
500 Lammfleisch aus der Keule
1 Zwiebel
1 Knoblauchzehe
1 Chilischote
3 EL Rapsöl
Salz
Pfeffer
1 Msp. Zimtpulver
1 Msp. gemahlener Kardamom
1 Msp. gemahlener Kurkuma
750 ml Gemüsebrühe
40 g getrocknete Aprikosen
250 g Zucchini
400 g Pastinaken (oder Möhren)
40 g getrocknete Cranberrys
30 g Walnusskerne
150 g griechischer Joghurt
(10 % Fett)

ZUBEREITUNG:

1 Vom Lammfleisch eventuell vorhandenes Fett und Sehnen entfernen. Das Fleisch in kleine Würfel schneiden. Zwiebel und Knoblauch schälen und fein würfeln. Die Chilischote längs halbieren, nach Wunsch entkernen, waschen und fein schneiden.

2 Das Fleisch in einem Topf in 2 EL heißem Öl portionsweise kräftig anbraten. Mit Salz und Pfeffer würzen. Zwiebel, Knoblauch und Chili dazugeben und kurz mitbraten. Zimt, Kardamom und Kurkuma hinzufügen, anschwitzen. Mit der Brühe ablöschen und etwa 45 Minuten schmoren.

3 Die Aprikosen klein schneiden. Die Zucchini putzen, waschen und in Stücke schneiden. Die Pastinaken putzen und würfeln. Übriges Öl in einer Pfanne erhitzen und das geschnittene Gemüse darin 4 Minuten braten. Mit den Aprikosen und den Cranberrys in den Lammtopf geben und weitere 10 Minuten garen. Abschmecken.

4 Die Walnüsse fein hacken und unter den Joghurt rühren. Mit Salz und Pfeffer abschmecken. Den Dip zum Lamm-Gemüsetopf reichen.

→ Pro Person: 620 kcal, 28 g Eiweiß, 43 g Fett, 25 g Kohlenhydrate, 6 g Ballaststoffe

KÜRBISCREMESUPPE

Zutaten für 4 Personen:

1 kg Kürbis (z. B. Butternut)
2 Stangen Porree
1 Zwiebel
1 Bund Majoran
2 EL Rapsöl
Salz
Pfeffer
1,2 l Gemüsebrühe
500 g gekochte Kartoffeln vom Vortag
100 g Katenschinken, in Scheiben
40 g Walnusskerne
1 TL Kürbiskernöl

ZUBEREITUNG:

1 Den Kürbis in schmale Spalten schneiden, das Kerngehäuse entfernen, schälen und das Fruchtfleisch in Würfel schneiden. Den Porree putzen, waschen und in Ringe schneiden. Die Zwiebel schälen und fein würfeln. Den Majoran waschen, trocken tupfen und die Blättchen abzupfen.

2 Das Öl in einem Topf erhitzen und die Zwiebel darin andünsten. Kürbis, Porree und Majoran dazugeben und kurz mitdünsten. Mit Salz und Pfeffer würzen. Mit der Brühe ablöschen und etwa 20 Minuten kochen.

3 Die Kartoffeln klein schneiden und 5 Minuten in der Brühe erhitzen.

4 Den Schinken in Streifen schneiden. Die Walnüsse grob hacken. Die Suppe mit dem Stabmixer fein pürieren. Abschmecken. Vor dem Servieren das Kürbiskernöl darüberträufeln und mit den Walnüssen und den Schinkenstreifen bestreuen.

→ Pro Person: 410 kcal, 14 g Eiweiß, 25 g Fett, 28 g Kohlenhydrate, 8 g Ballaststoffe

GRAUPENEINTOPF MIT WALNUSS-LÖWENZAHN-PESTO

Zutaten für 4 Personen:
1 Zwiebel
5 EL Rapsöl
300 g Graupen
1,2 l Gemüsebrühe
500 g Weißkohl
2 Stangen Porree
1 Bund Möhren
Salz
Pfeffer
Chiliflocken
1 Bund Petersilie
10 junge Löwenzahnblätter
1 Knoblauchzehe
40 g Walnusskerne
2 EL Orangensaft

ZUBEREITUNG:

1 Die Zwiebel schälen, fein würfeln und in einem Topf in 2 EL heißem Öl andünsten. Die Graupen dazugeben und kurz andünsten. Mit der Brühe ablöschen und etwa 15 Minuten köcheln lassen.

2 Den Weißkohl und den Porree putzen, waschen und in Streifen bzw. Stücke schneiden. Die Möhren putzen, schälen und in Scheiben schneiden. Das Gemüse zu den Graupen hinzufügen, mit Salz, Pfeffer und Chili würzen und etwa 20 Minuten weitergaren.

3 Die Petersilie waschen, trocken tupfen und die Blättchen abzupfen. Den Löwenzahn waschen und trocken tupfen. Den Knoblauch schälen. Petersilie, Löwenzahn, Knoblauch, Walnüsse, Orangensaft und das restliche Öl fein pürieren. Mit Salz und Pfeffer abschmecken. Das Pesto zum Eintopf reichen.

→ **Pro Person: 590 kcal, 13 g Eiweiß, 27 g Fett, 67 g Kohlenhydrate, 12 g Ballaststoffe**

BOHNENSUPPE MIT GEBRATENEM TOFU

Zutaten für 4 Personen:
750 g grüne Bohnen
2 Kohlrabi
300 g Pastinaken
1 Zweig Rosmarin
1 Zwiebel
1 Knoblauchzehe
4 EL Olivenöl
Salz
Pfeffer
1,2 l Gemüsebrühe
1 Dose weiße Bohnen
(240 g Abtropfgewicht)
200 g Räuchertofu
1 Bund Petersilie

ZUBEREITUNG:

1 Die Bohnen putzen, waschen und je nach Größe einmal durchschneiden. Die Kohlrabi und die Pastinaken schälen und in Stücke schneiden. Den Rosmarin waschen, trocken tupfen und die Nadeln fein hacken. Die Zwiebel und den Knoblauch schälen und fein würfeln.

2 Die Zwiebeln und den Knoblauch in einem Topf in 3 EL heißen Öl andünsten. Das vorbereitete Gemüse dazugeben, andünsten und mit Salz und Pfeffer würzen. Die Brühe dazugießen und alles etwa 15 Minuten köcheln lassen.

3 Die weißen Bohnen in ein Sieb abgießen, mit kaltem Wasser abspülen und abtropfen lassen. Den Tofu in Würfel schneiden. Restliches Öl in einer Pfanne erhitzen und den Tofu darin etwa 5 Minuten braten. Zusammen mit den weißen Bohnen in die Suppe geben und 5 Minuten garen. Die Petersilie waschen, trocken tupfen und die Blättchen grob hacken. Die Suppe damit bestreuen.

→ **Pro Person: 350 kcal, 20 g Eiweiß, 14 g Fett, 30 g Kohlenhydrate, 8 g Ballaststoffe**

SCHWARZWURZELEINTOPF MIT HÄHNCHENBRUST

Zutaten für 4 Personen:

500 g Schwarzwurzeln
500 g Steckrüben
300 g Möhren
1 Zwiebel
4 EL Olivenöl
Salz
Pfeffer
1 l Gemüsebrühe
1 Bund Petersilie
1 Stängel Zitronenmelisse
1 Knoblauchzehe
1 Bio-Limette
1 EL Chiasamen
400 g Hähnchenbrustfilet
1 EL gehackter Thymian

ZUBEREITUNG:

1 Die Schwarzwurzeln und die Steckrüben schälen, waschen und in Stücke schneiden (siehe Tipp Seite 155). Die Möhren putzen, schälen und in Scheiben schneiden. Die Zwiebel schälen, fein würfeln und in 3 EL heißem Öl andünsten. Das Gemüse dazugeben und andünsten. Mit Salz und Pfeffer würzen. Die Brühe hinzugießen und alles etwa 20 Minuten köcheln lassen.

2 Die Petersilie und die Zitronenmelisse waschen, trocken tupfen und die Blättchen fein hacken. Den Knoblauch schälen und fein hacken. Limette heiß waschen, trocken reiben und die Schale abreiben. Kräuter, Knoblauch, Limettenschale und Chiasamen mischen.

3 Das Hähnchenbrustfilet waschen, trocken tupfen und in Streifen schneiden. Restliches Öl in einer Pfanne erhitzen und das Fleisch darin 2 bis 3 Minuten braten. Mit Salz, Pfeffer und Thymian würzen. In den Eintopf geben und abschmecken. Die Kräutermischung dazu reichen.

→ Pro Person: 420 kcal, 30 g Eiweiß, 17 g Fett, 23 g Kohlenhydrate, 25 g Ballaststoffe

KARTOFFEL-TOPINAMBUR-SUPPE MIT FLUSSKREBSFLEISCH

Zutaten für 4 Personen:
750 g mehligkochende Kartoffeln
2 Stangen Porree
300 g Topinambur
1 Schalotte
3 EL Rapsöl
1 EL Currypulver
Salz
Pfeffer
1,2 l Gemüsebrühe
200 g Tomaten
1 Bund Schnittlauch
200 g Flusskrebsfleisch
100 g Sahne

ZUBEREITUNG:

1 Die Kartoffeln schälen, waschen und in Stücke schneiden. Den Porree putzen, waschen und in Ringe schneiden. Den Topinambur und die Schalotte schälen und würfeln.

2 Das Öl in einem Topf erhitzen und die Schalottenwürfel darin andünsten. Kartoffeln, Porree und Topinambur dazugeben und andünsten. Das Currypulver hinzufügen und kurz anschwitzen. Mit Salz und Pfeffer würzen. Die Brühe dazugießen und alles etwa 20 Minuten köcheln lassen.

3 Die Tomaten waschen, halbieren, entkernen, die Stielansätze entfernen und in kleine Würfel schneiden. Den Schnittlauch waschen, trocken tupfen, in feine Röllchen schneiden und mit dem Flusskrebsfleisch mischen.

4 Die Suppe pürieren. Die Sahne dazugießen und aufkochen. Abschmecken. Die Tomaten dazugeben und kurz erwärmen. Mit dem Flusskrebsfleisch servieren.

→ **Pro Person: 420 kcal, 15 g Eiweiß, 22 g Fett, 30 g Kohlenhydrate, 14 g Ballaststoffe**

SOJA-KIDNEYBOHNEN-EINTOPF

Zutaten für 4 Personen:

1 l Gemüsebrühe
200 g Soja Schnetzel
500 g Topinambur
2 Paprikaschoten
1 Zwiebel
1 Knoblauchzehe
1 Chilischote
3 EL Rapsöl
Paprikapulver edelsüß
1 TL gemahlener Kreuzkümmel
Salz
Pfeffer
400 g stückige Tomaten (aus der Dose)
40 g Pinienkerne
1 Bund Petersilie
1 Dose Kidneybohnen (400 g Füllmenge)

ZUBEREITUNG:

1 Die Brühe zum Kochen bringen. Die Soja Schnetzel darin etwa 10 Minuten einweichen. Den Topinambur schälen und in kleine Stücke schneiden. Die Paprikaschoten putzen, waschen und würfeln. Die Zwiebel und den Knoblauch schälen und fein würfeln. Die Chilischote längs halbieren, nach Wunsch entkernen, waschen und hacken.

2 Die Soja Schnetzel in ein Sieb abtropfen lassen und leicht ausdrücken, die Brühe dabei auffangen. Das Öl in einem Topf erhitzen und die Soja Schnetzel darin kräftig anbraten. Alle vorbereiteten Zutaten dazugeben und mit anbraten. Mit Paprika, Kreuzkümmel, Salz und Pfeffer würzen. Mit der Brühe ablöschen, die Tomaten dazugeben und etwa 15 Minuten garen.

3 Die Pinienkerne in einer beschichteten Pfanne ohne Fett goldbraun rösten. Die Petersilie waschen, trocken tupfen und hacken. Die Kidneybohnen in ein Sieb geben, mit kaltem Wasser abspülen und abtropfen lassen. Die Bohnen in den Eintopf geben und 5 Minuten erhitzen. Abschmecken. Mit den Pinienkernen und der Petersilie bestreuen.

➜ Pro Person: 410 kcal, 32 g Eiweiß, 19 g Fett, 17 g Kohlenhydrate, 20 g Ballaststoffe

CHICORÉESUPPE MIT GERÄUCHERTER FORELLE

Zutaten für 4 Personen:
4 Stauden Chicorée (ca. 700 g)
300 g mehligkochende Kartoffeln
1 Zwiebel
4 EL Olivenöl
Salz
Pfeffer
1,2 l Brühe
2 Scheiben Vollkornbrot
400 g geräucherte Forellenfilets
1 Bund Schnittlauch
1 Zitrone
100 g Sahne
abgeriebene Muskatnuss

ZUBEREITUNG:

1 Die Chicoréestauden putzen, waschen, halbieren, die Strünke entfernen und in Streifen schneiden. Die Kartoffeln schälen, waschen und klein schneiden. Die Zwiebel schälen, fein würfeln und in einem Topf in 2 EL heißem Öl andünsten. Den Chicorée und die Kartoffeln dazugeben und kurz mitdünsten. Mit Salz und Pfeffer würzen. Die Brühe dazugießen und alles etwa 20 Minuten köcheln lassen.

2 Das Brot in Würfel schneiden und im restlichen heißen Öl in einer beschichteten Pfanne rösten. Herausnehmen und beiseitestellen. Die Forellenfilets in Stücke schneiden. Den Schnittlauch waschen, trocken tupfen und in feine Röllchen schneiden.

3 Die Zitrone auspressen. Die Suppe pürieren. Die Sahne dazugeben und aufkochen. Mit dem Zitronensaft, Salz, Pfeffer und Muskatnuss abschmecken. Die Suppe mit dem Schnittlauch und den Forellenfiletstücken anrichten. Die Croûtons dazu reichen.

→ Pro Person: 470 kcal, 27 g Eiweiß, 27 g Fett, 26 g Kohlenhydrate, 7 g Ballaststoffe

KARTOFFELSALAT MIT THUNFISCH

Zutaten für 4 Personen:
1 kg festkochende Kartoffeln
150 g Zuckerschoten
Salz
200 g Staudensellerie
250 ml Gemüsebrühe
4 EL Weißweinessig
Pfeffer
1–2 TL mittelscharfer Senf
4 EL Olivenöl
2 Dosen Thunfisch im eigenen Saft (à 150 g Abtropfgewicht)
1 Bund Schnittlauch
30 g Chiasamen

ZUBEREITUNG:

1 Die Kartoffeln waschen und mit Schale etwa 20 Minuten kochen. Die Zuckerschoten putzen, waschen, halbieren und in Salzwasser etwa 2 Minuten garen. In ein Sieb abgießen, kalt abschrecken und abtropfen lassen. Den Staudensellerie putzen, waschen und in dünne Scheiben schneiden.

2 Die Kartoffeln abgießen, abdämpfen lassen und möglichst heiß pellen. Die Kartoffeln in Scheiben schneiden. Brühe, Essig, Salz, Pfeffer, Senf und Öl verrühren. Kräftig abschmecken und über die Kartoffeln gießen. Die Zuckerschoten und den Sellerie untermischen.

3 Den Thunfisch abgießen, abtropfen lassen und zerpflücken. Unter den Salat mischen. Den Schnittlauch waschen, trocken tupfen und in feine Röllchen schneiden. Mit den Chiasamen über den Salat streuen.

→ **Pro Person: 380 kcal, 24 g Eiweiß, 14 g Fett, 35 g Kohlenhydrate, 8 g Ballaststoffe**

RUCOLA-AVOCADO-SALAT MIT KNOBLAUCH-GARNELEN

Zutaten für 4 Personen:
150 g Puy Linsen (oder rote Linsen)
Salz
500 g Kirschtomaten
1 Bund Lauchzwiebeln
100 g Rucola
50 g Endiviensalat
2 reife Avocados
4 EL Himbeeressig
Pfeffer
1 TL Honig
5 EL Olivenöl
50 g Pinienkerne
2 Knoblauchzehen
1 Chilischote
400 g Garnelen, roh, ohne Schale

ZUBEREITUNG:

1 Die Linsen nach Packungsanweisung in gesalzenem Wasser garen. In ein Sieb abgießen, kalt abschrecken und abtropfen lassen.

2 Die Tomaten waschen und halbieren. Die Lauchzwiebeln putzen, waschen und in Ringe schneiden. Den Rucola verlesen, waschen und trocken schleudern. Den Endiviensalat putzen, waschen und in Streifen schneiden. Die Avocados schälen, halbieren, den Kern entfernen und das Fruchtfleisch würfeln. Alle Salatzutaten mischen.

3 Essig, Salz, Pfeffer, Honig und 4 EL Öl verrühren. Über den Salat geben. Abschmecken.

4 Die Pinienkerne in einer beschichteten Pfanne ohne Fett goldbraun rösten. Den Knoblauch schälen und in Scheiben schneiden. Die Chilischote längs halbieren, entkernen, waschen und fein schneiden. Die Garnelen am Rücken entlang einschneiden, den Darm entfernen, waschen, trocken tupfen und im restlichen Öl etwa 3 Minuten braten. Den Knoblauch und den Chili dazugeben und kurz mitbraten. Mit Salz und Pfeffer würzen. Die Garnelen auf dem Salat anrichten und mit den Pinienkernen bestreuen.

→ Pro Person: 600 kcal, 36 g Eiweiß, 34 g Fett, 35 g Kohlenhydrate, 10 g Ballaststoffe

FELDSALAT MIT ARTISCHOCKEN UND SCHINKEN

Zutaten für 4 Personen:
300 g festkochende Kartoffeln
125 g Feldsalat
2 Dosen Artischokenherzen aus dem Glas à 240 g Abtropfgewicht
2 Paprikaschoten
1 Zwiebel
150 g Schwarzwälder Schinken, in Scheiben
50 g schwarze, entsteinte Oliven
1 EL gehackter Majoran
4 EL Weißweinessig
Salz
Pfeffer
1 EL körniger Senf
1 TL Honig
4 EL Olivenöl
10 g Chiasamen

ZUBEREITUNG:

1 Die Kartoffeln waschen und mit Schale etwa 20 Minuten kochen. Abgießen, abdämpfen lassen und noch heiß pellen. Die Kartoffeln auskühlen lassen.

2 Den Feldsalat verlesen, waschen und trocken schleudern. Die Artischocken abtropfen lassen und in Stücke schneiden. Die Paprikaschoten putzen, waschen und in Streifen schneiden. Die Zwiebel schälen und würfeln. Den Schinken in Streifen schneiden.

3 Feldsalat, Artischocken, Paprika, Zwiebel, Schinken, Oliven und Majoran mischen. Essig, Salz, Pfeffer, Senf, Honig und 3 EL Öl zu einem Dressing verrühren und über den Salat geben.

4 Die Kartoffeln in kleine Würfel schneiden und im restlichen Öl etwa 5 Minuten knusprig braten. Die Chiasamen darüberstreuen. Mit Salz und Pfeffer würzen. Die Kartoffeln zum Salat geben und untermischen. Abschmecken.

→ Pro Person: 350 kcal, 16 g Eiweiß, 21 g Fett, 18 g Kohlenhydrate, 15 g Ballaststoffe

LINSEN-ENDIVIENSALAT MIT SCHAFSKÄSE

Zutaten für 4 Personen:
150 g rote Linsen
Salz
200 g Endiviensalat
200 g Möhren
2 Schalotten
20 g Ingwer
3 EL Olivenöl
30 g Gojibeeren
1 TL gemahlener Koriander
½ TL gemahlener Kreuzkümmel
1 Msp. Zimtpulver
Pfeffer
3 EL Orangensaft
6–8 EL Gemüsebrühe
40 g Walnusskerne
250 g Schafskäse

ZUBEREITUNG:

1 Die Linsen in kochendem Salzwasser 5 bis 6 Minuten bissfest garen. In ein Sieb abgießen und abtropfen lassen.

2 Den Endiviensalat putzen, waschen und in Streifen schneiden. Die Möhren putzen, schälen und in Streifen schneiden. Die Schalotten und den Ingwer schälen, fein würfeln und in einer großen Pfanne im heißen Öl andünsten. Die Möhren und die Gojibeeren dazugeben und etwa 2 Minuten dünsten. Den Endiviensalat hinzufügen und 1 Minute weiterdünsten. Mit Koriander, Kreuzkümmel, Zimt, Salz und Pfeffer würzen. Mit Orangensaft und Brühe ablöschen. Die Linsen untermischen. Abschmecken.

3 Den Salat in eine Schüssel geben. Die Walnüsse grob hacken. Den Käse in kleine Stücke schneiden und mit den Nüssen über dem Salat verteilen.

➜ Pro Person: 520 kcal, 24 g Eiweiß, 32 g Fett, 31 g Kohlenhydrate, 6 g Ballaststoffe

LÖWENZAHNSALAT MIT GEBRATENEN KRÄUTERSEITLINGEN

Zutaten für 4 Personen:

4 Eier
30 junge Löwenzahnblätter
100 g Rucola
1 Bund Lauchzwiebeln
1 Apfel
1 Knoblauchzehe
300 g kleine Kräuterseitlinge (oder Champignons)
5 EL Rapsöl
Salz
Pfeffer
40 g gehobelte Mandeln
4 EL Weißweinessig
1 TL mittelscharfer Senf
1 EL Honig

ZUBEREITUNG:

1 Die Eier hart kochen. Den Löwenzahn waschen und trocken tupfen. Den Rucola verlesen, waschen und trocken schleudern. Die Lauchzwiebeln putzen, waschen und in Ringe schneiden. Den Apfel waschen, vierteln, entkernen und in Würfel schneiden. Alles mischen.

2 Den Knoblauch schälen und fein würfeln. Die Pilze putzen, in Scheiben schneiden und in 1 EL heißem Öl etwa 5 Minuten braten. Den Knoblauch dazugeben und kurz mitbraten. Mit Salz und Pfeffer würzen.

3 Die Mandeln in einer beschichteten Pfanne ohne Fett goldbraun rösten. Restliches Öl, Essig, Salz, Pfeffer, Senf und Honig verrühren. Die Pilze auf den Salat geben und das Dressing darübergeben. Mit den Mandeln bestreuen. Die Eier pellen, halbieren und auf den Salat setzen.

→ **Pro Person: 320 kcal, 13 g Eiweiß, 23 g Fett, 13 g Kohlenhydrate, 5 g Ballaststoffe**

NUDEL-CHICORÉE-SALAT MIT MOZZARELLA

Zutaten für 4 Personen:
300 g Vollkornnudeln
Salz
1 Zitrone
125 ml Brühe
5 EL Olivenöl
Pfeffer
2 Stauden Chicorée (ca. 350 g)
250 g Kirschtomaten
200 g Babyspinat
200 g Mozzarella
½ Bund Thymian
40 g Cashewkerne
30 g Kapern

ZUBEREITUNG:

1 Die Nudeln nach Packungsanweisung in gesalzenem Wasser bissfest kochen. In ein Sieb abgießen, kalt abschrecken und abtropfen lassen. Die Zitrone auspressen und den Saft mit Brühe, Öl, Salz und Pfeffer verrühren. Über die Nudeln geben.

2 Die Chicoréestauden putzen, waschen, halbieren, die Strünke herausschneiden und in Streifen schneiden. Die Tomaten waschen und je nach Größe halbieren oder vierteln. Den Spinat verlesen, waschen und trocken schleudern. Den Mozzarella in Würfel schneiden. Den Thymian waschen, trocken tupfen und die Blättchen hacken.

3 Die Cashewkerne in einer beschichteten Pfanne ohne Fett rösten. Die vorbereiteten Salatzutaten und die Kapern unter die Nudeln mischen. Abschmecken. Die Kerne über den Salat streuen.

→ Pro Person: 610 kcal, 24 g Eiweiß, 31 g Fett, 53 g Kohlenhydrate, 12 g Ballaststoffe

NUDEL-BOHNEN-SALAT MIT LÖWENZAHN

Zutaten für 4 Personen:
300 g Vollkornnudeln
Salz
4 EL Weißweinessig
Pfeffer
1 TL mittelscharfer Senf
125 ml Gemüsebrühe
5 EL Olivenöl
1 Knoblauchzehe
400 g Prinzessbohnen
150 g geräucherte Putenbrust, in Scheiben
10 junge Löwenzahnblätter
150 g grüne, entsteinte Oliven

ZUBEREITUNG:

1 Die Nudeln nach Packungsanweisung in gesalzenem Wasser bissfest kochen. In ein Sieb abgießen, kalt abschrecken und abtropfen lassen. Essig, Salz, Pfeffer, Senf, Brühe und Öl verrühren. Den Knoblauch schälen und dazu drücken. Die Marinade über die Nudeln geben.

2 Die Bohnen putzen, waschen, halbieren und in gesalzenem Wasser etwa 15 Minuten kochen. In ein Sieb abgießen, abtropfen lassen und unter die Nudeln mischen.

3 Die Putenbrust in breite Streifen schneiden. Den Löwenzahn waschen und trocken tupfen. Putenbrust, Löwenzahn und Oliven unter den Salat mischen. Abschmecken.

→ **Pro Person: 510 kcal, 22 g Eiweiß, 20 g Fett, 52 g Kohlenhydrate, 12 g Ballaststoffe**

HIRSE-TOMATEN-SALAT MIT MINZEDRESSING

Zutaten für 4 Personen:
200 Hirse
Salz
750 g Tomaten
1 Salatgurke
1 kleine Stange Porree
200 g Tofu
1 großes Bund Petersilie
1 Bund Minze
1 Zitrone
4 EL Gemüsebrühe
Pfeffer
5 EL Rapsöl
20 g Hanfsamen

ZUBEREITUNG:

1 Die Hirse nach Packungsanweisung in gesalzenem Wasser kochen. In ein Sieb abgießen, kalt abschrecken und abtropfen lassen.

2 Die Tomaten waschen, vierteln, die Stielansätze entfernen und in Würfel schneiden. Die Gurke schälen und würfeln. Den Porree putzen, waschen und in feine Ringe schneiden. Den Tofu in Würfel schneiden. Die Petersilie und die Minze waschen, trocken tupfen und die Blättchen fein hacken. Die Zitrone auspressen.

3 Hirse, Tomaten, Gurke, Porree, Tofu und Kräuter mischen. Für das Dressing Zitronensaft, Brühe, Salz, Pfeffer und Öl verrühren und über den Salat geben. Abschmecken. Mit den Hanfsamen bestreuen.

➜ Pro Person: 450 kcal, 18 g Eiweiß, 20 g Fett, 45 g Kohlenhydrate, 9 g Ballaststoffe

ENDIVIENSALAT MIT GRÜNEM SPARGEL

Zutaten für 4 Personen:
250 g grüner Spargel
100 g Zuckerschoten
Salz
2 Lauchzwiebeln
150 g Endiviensalat
3 EL Weißweinessig
Pfeffer
2 EL Sojasauce
1 TL Ahornsirup
5 EL Olivenöl
200 g geräucherter Lachs, in Scheiben
20 g Sesam
20 g Chiasamen

ZUBEREITUNG:

1 Den Spargel waschen, im unteren Drittel schälen und die Enden abschneiden. Die Stangen in Stücke schneiden. Die Zuckerschoten putzen, waschen und halbieren. Beides in gesalzenem Wasser etwa 2 Minuten bissfest garen. In ein Sieb abgießen, kalt abschrecken und abtropfen lassen.

2 Die Lauchzwiebeln putzen, waschen und in feine Ringe schneiden. Den Endiviensalat putzen, waschen und in Streifen schneiden. Die vorbereiteten Zutaten mischen.

3 Essig, Pfeffer, Salz, Sojasauce, Ahornsirup und Öl verrühren und über den Salat geben. Abschmecken. Den Lachs in breite Streifen schneiden und darauf anrichten. Mit dem Sesam und den Chiasamen bestreuen.

→ **Pro Person: 310 kcal, 15 g Eiweiß, 23 g Fett, 7 g Kohlenhydrate, 5 g Ballaststoffe**

FLEISCH & GEFLÜGEL

RUMPSTEAK MIT OFENGEMÜSE

Zutaten für 4 Personen:
4 Rumpsteaks (à ca. 200 g)
1 EL Zitronensaft
Salz
Pfeffer
2 EL Olivenöl
1 kg festkochende Kartoffeln
500 g Kirschtomaten
250 g Schalotten
2 Zweige Rosmarin
3 EL Rapsöl
50 g Walnusskerne

ZUBEREITUNG:

1 Den Backofen auf 200 °C vorheizen. Den Fettrand der Rumpsteaks mehrmals einschneiden. Zitronensaft, Salz, Pfeffer und Olivenöl verrühren, die Steaks damit einreiben und ziehen lassen.

2 Die Kartoffeln schälen, waschen und in kleine Stücke schneiden. Die Tomaten waschen und je nach Größe halbieren oder ganz lassen. Die Schalotten schälen und in Stücke schneiden. Das Gemüse auf einem Backblech verteilen. Mit Salz und Pfeffer würzen. Den Rosmarin waschen, trocken tupfen und darüberstreuen. Mit Rapsöl beträufeln und im heißen Ofen etwa 35 Minuten braten. Zwischendurch wenden.

3 Die Walnüsse grob hacken. Die Steaks in einer heißen Grillpfanne von jeder Seite etwa 4 Minuten braten. Herausnehmen und mit dem Gemüse anrichten. Mit den Nüssen bestreuen.

→ Pro Person: 660 kcal, 53 g Eiweiß, 31 g Fett, 38 g Kohlenhydrate, 5 g Ballaststoffe

HÄHNCHENKEULE IN JOGHURT-MANDEL-SAUCE

Zutaten für 4 Personen:

Für die Hähnchenkeulen:
30 g Ingwer
2 Knoblauchzehen
300 g griechischer Naturjoghurt (10 % Fett)
1 TL Piri-Piri (geschrotete Pfefferschoten, oder Chilipulver)
3 EL Zitronensaft
2 EL Speisestärke
Salz
Pfeffer
4 Hähnchenkeulen (à ca. 250 g)
2 EL Rapsöl
20 g gehobelte Mandeln
500 ml Hühnerbrühe

Für den Reis:
250 g Vollkornreis
Salz
1 Bund Möhren
1 Zwiebel
10 g Butter
Pfeffer
2 EL gehackte Petersilie

ZUBEREITUNG:

1 Den Backofen auf 200 °C vorheizen. Ingwer und Knoblauch schälen und fein würfeln. Joghurt, Knoblauch, Ingwer, Piri-Piri, Zitronensaft, Stärke, Salz und Pfeffer verrühren.

2 Die Hähnchenkeulen waschen, trocken tupfen, salzen und pfeffern. Das Öl in einer Pfanne erhitzen, Fleisch darin etwa 5 Minuten anbraten. In eine Auflaufform legen, mit der Hälfte des Joghurts bestreichen und mit den Mandeln bestreuen. Im Ofen auf der mittleren Schiene etwa 30 Minuten braten.

3 Den restlichen Joghurt und die Brühe verrühren, zu den Hähnchenkeulen geben und weitere 10 Minuten braten.

4 Währenddessen den Reis nach Packungsanweisung in Salzwasser garen. Die Möhren putzen, schälen und in Stifte schneiden. Die Zwiebel schälen, fein würfeln und in der heißen Butter andünsten. Die Möhren dazugeben, mit Salz und Pfeffer würzen und zugedeckt etwa 6 Minuten dünsten. Den Reis abtropfen lassen und unter die Möhren mischen. Die Petersilie dazugeben und abschmecken. Mit den Hähnchenkeulen servieren.

→ **Pro Person: 800 kcal, 42 g Eiweiß, 41 g Fett, 64 g Kohlenhydrate, 6 g Ballaststoffe**

ORANGENHUHN MIT TOMATEN-BÄRLAUCH-SALAT

Zutaten für 4 Personen:
1 küchenfertige Poularde (ca. 1,8 kg)
Salz
Pfeffer
1 Bio-Orange
1 Bund Thymian
1 Knoblauchzehe
1 kg Tomaten
2 rote Zwiebeln
1 kleines Bund Bärlauch
50 g schwarze Oliven
3 EL Aceto balsamico
3 EL Olivenöl
20 g Chiasamen

Außerdem:
Holzstäbchen

ZUBEREITUNG:

1 Den Backofen auf 200 °C vorheizen. Die Poularde innen und außen gründlich waschen, trocken tupfen und mit Salz und Pfeffer würzen. Die Orange heiß waschen, trocken reiben und mit einem Holzstäbchen mehrmals einstechen. Den Thymian waschen, trocken tupfen und die Blättchen fein hacken. Den Knoblauch schälen und mit dem Thymian in die Poularde stecken. Die Orange hineingeben und die Öffnung mit Holzstäbchen zustecken.

2 Die Poularde mit der Brustseite nach oben auf die Fettfangschale des Backofens legen. Im Ofen auf der zweiten Schiene von unten etwa 1 ½ Stunden braten.

3 Die Tomaten waschen und in Scheiben schneiden (dabei die Stielansätze entfernen). Tomaten in eine Schüssel geben. Die Zwiebeln schälen, halbieren und in feine Scheiben schneiden. Den Bärlauch waschen, trocken schütteln und die Blätter in Streifen schneiden. Bärlauch, Zwiebeln und Oliven zu den Tomaten geben. Aceto balsamico, Öl, Salz und Pfeffer verrühren und über den Salat geben. Mit den Chiasamen bestreuen.

4 Das Huhn aus dem Ofen nehmen. Die Füllung entfernen und die Poularde tranchieren. Mit dem Salat anrichten.

→ Pro Person: 680 kcal, 66 g Eiweiß, 41 g Fett, 7 g Kohlenhydrate, 6 g Ballaststoffe

KOKOSHÄHNCHEN MIT ROTEN LINSEN

Zutaten für 4 Personen:
600 g Hähnchenbrustfilet
1 Zwiebel
1 Chilischote
1 EL Rapsöl
Salz
1 EL Currypulver
400 ml ungesüßte Kokosmilch
100 g TK-Erbsen
200 g rote Linsen
20 g getrocknete Cranberrys
Pfeffer
2 EL gehackte Minze

ZUBEREITUNG:

1 Das Hähnchenbrustfilet waschen, trocken tupfen und in Streifen schneiden. Die Zwiebel schälen und fein würfeln. Die Chilischote halbieren, entkernen, waschen und fein hacken.

2 Das Fleisch im heißen Öl anbraten. Chili und Zwiebel dazugeben und kurz mitbraten. Mit Salz und Curry würzen. Mit der Kokosmilch ablöschen und etwa 10 Minuten garen. Die Erbsen dazugeben und weitere 5 Minuten garen.

3 Die Linsen in gesalzenem Wasser nach Packungsanweisung garen. Abgießen und die Cranberrys untermischen. Das Kokos-Hähnchen mit Salz und Pfeffer abschmecken und mit den roten Linsen anrichten. Mit der Minze bestreuen.

→ Pro Person: 550 kcal, 52 g Eiweiß, 21 g Fett, 37 g Kohlenhydrate, 4 g Ballaststoffe

ENTENBRUSTFILET MIT PASTINAKENGEMÜSE

Zutaten für 4 Personen:
2 Entenbrustfilets (à ca. 350 g)
5 Korianderkörner
Salz
Pfeffer
2 Paprikaschoten
300 g Pastinaken
300 g festkochende Kartoffeln
1 Gemüsezwiebel
20 g Ingwer
1 Knoblauchzehe
20 g Sesam
3 EL Rapsöl
4 EL Sojasauce
125 ml Gemüsebrühe
Sambal oelek
½ Bund Koriander

ZUBEREITUNG:

1 Die Entenbrustfilets waschen und trocken tupfen. Die Haut diagonal und über Kreuz einschneiden. Den Koriander zerstoßen und die Filets mit Salz, Pfeffer und Koriander würzen.

2 Die Paprikaschoten putzen, waschen und in Streifen schneiden. Die Pastinaken und die Kartoffeln schälen, waschen und in Würfel schneiden. Die Gemüsezwiebel schälen, halbieren und in dünne Scheiben schneiden. Den Ingwer und den Knoblauch schälen und fein würfeln.

3 Die Entenbrustfilets mit der Haut nach unten in einer heißen Pfanne etwa 10 Minuten braten. Wenden und bei geringer Hitze weitere 15 Minuten braten.

4 Den Sesam in einer beschichteten Pfanne ohne Fett rösten. Herausnehmen und beiseitestellen. Das Öl erhitzen und das Gemüse darin 5 Minuten anbraten. Den Ingwer und den Knoblauch dazugeben und kurz mitbraten. Mit Sojasauce und Brühe ablöschen und abgedeckt etwa 15 Minuten garen. Das Gemüse mit etwas Sambal oelek und Salz abschmecken.

5 Die Entenbrustfilets aus der Pfanne nehmen und abgedeckt kurz ruhen lassen. Den Koriander waschen, trocken tupfen und die Blättchen hacken. Das Fleisch in dünne Scheiben schneiden und auf dem Gemüse anrichten. Mit dem Sesam und dem Koriander bestreuen.

→ Pro Person: 620 kcal, 37 g Eiweiß, 41 g Fett, 23 g Kohlenhydrate, 5 g Ballaststoffe

RINDFLEISCH MIT CHILI-CHINAKOHL

Zutaten für 4 Personen:
600 g Hüftsteak
½ Kopf Chinakohl (ca. 700 g)
100 g Endiviensalat
1 Paprikaschote
1 Chilischote
1 Knoblauchzehe
20 g Ingwer
3 EL Rapsöl
Salz
Pfeffer
300 ml Gemüsebrühe
4 EL Sojasauce
30 g Sesam

ZUBEREITUNG:

1 Das Fleisch waschen, trocken tupfen und in Streifen schneiden. Den Chinakohl und Endiviensalat putzen, waschen und in breite Streifen schneiden. Die Paprikaschote putzen, waschen und ebenfalls in Streifen scheiden. Die Chilischote halbieren, nach Wunsch entkernen, waschen und fein hacken. Den Knoblauch und den Ingwer schälen und fein würfeln.

2 Das Öl in einer großen Pfanne erhitzen und das Fleisch darin 2 Minuten braten. Mit Salz und Pfeffer würzen. Herausnehmen. Den Chinakohl, den Endiviensalat und die Paprikaschote im ausgebratenen Fett 2 Minuten anbraten. Chili, Knoblauch und Ingwer dazugeben und kurz mitbraten. Brühe und Sojasauce dazugießen und aufkochen lassen.

3 Das Fleisch zum Gemüse geben und erhitzen. Mit Salz und Pfeffer abschmecken und mit dem Sesam bestreuen.

➜ Pro Person: 370 kcal, 38 g Eiweiß, 20 g Fett, 4 g Kohlenhydrate, 5 g Ballaststoffe

MEATBALLS MIT GEBRATENEM CHICORÉE

Zutaten für 4 Personen:
4 Stauden Chicorée (ca. 700 g)
500 g Möhren
1 EL Kapern
500 g Rinderhack
2 Eier
2 EL Vollkornpaniermehl
1 EL Chiasamen
1 TL scharfer Senf
Salz
Pfeffer
1 Zwiebel
1 Knoblauchzehe
2 EL Rapsöl
20 g Butter
1 EL Honig
1–2 EL Zitronensaft
250 ml Gemüsebrühe
40 g Walnusskerne

ZUBEREITUNG:

1 Die Chicoréestauden putzen, waschen, längs halbieren und die Strünke entfernen. Die Möhren putzen, schälen und der Länge nach vierteln. Kapern hacken.

2 Hackfleisch, Eier, Paniermehl, Chiasamen, Kapern, Senf, Salz und Pfeffer in eine Schüssel geben. Die Zwiebel und den Knoblauch schälen, fein hacken, dazugeben und alles gut verkneten. Abschmecken. Aus der Hackmasse 8 kleine Bällchen formen. Das Öl in einer Pfanne erhitzen und die Bällchen darin etwa 15 Minuten braten.

3 Parallel dazu die Butter in einer zweiten Pfanne erhitzen, den Honig dazugeben und etwas karamellisieren lassen. Den Chicorée mit der Schnittfläche nach unten hineingeben und anbraten. Die Möhren hinzufügen und kurz mitbraten. Mit Zitronensaft beträufeln. Die Brühe dazugießen und 10 bis 15 Minuten schmoren.

4 Die Walnüsse grob hacken. Die Meatballs auf dem Gemüse anrichten und mit den Nüssen bestreuen.

→ Pro Person: 580 kcal, 35 g Eiweiß, 39 g Fett, 20 g Kohlenhydrate, 7 g Ballaststoffe

GESCHMORTE KALBSHAXEN MIT BORLOTTI-BOHNEN

Zutaten für 4 Personen:
150 g getrocknete Borlotti-Bohnen (oder weiße Bohnen)
4 Kalbshaxenscheiben (à ca. 400 g)
Salz
Pfeffer
1 Bund Suppengemüse
1 Zwiebel
3 Knoblauchzehen
2 Zweige Rosmarin
2 EL Olivenöl
125 ml Gemüsebrühe
250 ml trockener Rotwein
800 g stückige Tomaten (aus der Dose)
1 Bio-Zitrone

ZUBEREITUNG:

1 Die Bohnen über Nacht in kaltem Wasser einweichen.

2 Am nächsten Tag die Kalbshaxenscheiben waschen, trocken tupfen und eventuell vorhandene Fettränder einschneiden, damit sich das Fleisch beim Anbraten nicht wölbt. Mit Salz und Pfeffer würzen. Das Suppengemüse putzen beziehungsweise schälen, waschen und in feine Würfel beziehungsweise Ringe schneiden. Die Zwiebel und den Knoblauch schälen und würfeln. Den Rosmarin waschen und trocken tupfen.

3 Das Öl in einem Bräter erhitzen. Das Fleisch darin von beiden Seiten kräftig anbraten. Herausnehmen. Suppengemüse, Knoblauch und Zwiebel in den Bräter geben und im ausgelassenen Fett andünsten. Mit der Brühe ablöschen und dabei den Bratensatz lösen. Fleisch, Rosmarin, Rotwein und Tomaten mit der Flüssigkeit dazugeben und zugedeckt bei geringer Hitze etwa 1 ¾ Stunden schmoren.

4 Inzwischen die Bohnen in ein Sieb abgießen, in einen Topf geben und mit Wasser bedeckt aufkochen. Etwas Salz dazugeben und bei geringer Hitze etwa 1 ¼ Stunden gar kochen. Zwischendurch eventuell noch etwas Wasser dazugießen. Die Bohnen abgießen, abtropfen lassen und zu den Haxen geben. Mit Salz und Pfeffer abschmecken. Zitrone heiß waschen, trocken reiben, die Schale abreiben und über das Fleisch streuen. Dazu passt Vollkornbaguette.

→ Pro Person: 600 kcal, 66 g Eiweiß, 19 g Fett, 24 g Kohlenhydrate, 13 g Ballaststoffe

GEFÜLLTE KALBSSCHNITZEL MIT MANDELSPINAT

Zutaten für 4 Personen:
4 dünne Kalbsschnitzel (à ca. 125 g)
Salz
Pfeffer
50 g getrocknete Tomaten
4 dünne Scheiben Serrano Schinken (à ca. 15 g)
1 EL gehackter Majoran
250 g Kirschtomaten
1 kg Blattspinat
1 Schalotte
3 EL Rapsöl
30 g gehobelte Mandeln
½ Bio-Zitrone
abgeriebene Muskatnuss
10 g Chiasamen

Außerdem:
Holzstäbchen

ZUBEREITUNG:

1 Die Kalbsschnitzel mit Salz und Pfeffer würzen. Die getrockneten Tomaten in feine Würfel schneiden. Die Schnitzel mit den Tomatenwürfeln und dem Schinken belegen und mit Majoran bestreuen. Zusammenklappen und mit Holzstäbchen zustecken.

2 Die Kirschtomaten waschen und je nach Größe halbieren oder vierteln. Den Spinat verlesen, putzen und gründlich waschen. Tropfnass in einen Topf geben und zugedeckt bei geringer Hitze zusammenfallen lassen, dabei zwischendurch umrühren. Den Spinat in ein Sieb geben und abtropfen lassen.

3 Die Schalotte schälen, fein würfeln und in 1 EL heißem Öl andünsten. Den Spinat und die Tomaten dazugeben und 5 bis 10 Minuten dünsten. Die Mandelblättchen in einer beschichteten Pfanne ohne Fett goldbraun rösten. Herausnehmen und beiseitestellen.

4 Das restliche Öl in der Pfanne erhitzen und die Schnitzel darin etwa 6 Minuten braten. Die Zitrone heiß waschen, trocken reiben, die Schale abreiben und den Saft auspressen. Den Spinat mit Salz, Pfeffer, Muskat, Zitronensaft und -schale abschmecken. Die Mandeln und die Chiasamen darüberstreuen und mit den Schnitzeln anrichten.

→ Pro Person: 360 kcal, 40 g Eiweiß, 18 g Fett, 5 g Kohlenhydrate, 8 g Ballaststoffe

PUTENMEDAILLONS MIT BOHNEN UND SAFRANSAUCE

Zutaten für 4 Personen:
1 kg Prinzessbohnen
Salz
1 Schalotte
1 Knoblauchzehe
10 g Butter
100 ml Weißwein
300 ml Gemüsebrühe
100 g Sahne
1 Tüte Safranfäden (0,1 g)
Pfeffer
4 Putenmedaillons (à ca. 150 g)
4 Salbeiblätter
4 dünne Scheiben gekochter Schinken (à ca. 15 g)
2 EL Olivenöl
30 g gehobelte Haselnüsse

ZUBEREITUNG:

1 Die Bohnen putzen, waschen und in kochendem Salzwasser etwa 20 Minuten garen.

2 Inzwischen die Schalotte und den Knoblauch schälen, fein würfeln. Die Butter in einem kleinen Topf erhitzen. Schalotten und Knoblauch darin andünsten. Wein, Brühe und Sahne dazugießen. Den Safran hinzufügen und auflösen. Die Sauce auf die Hälfte einkochen. Mit Salz und Pfeffer abschmecken.

3 Die Putenmedaillons waschen, trocken tupfen, salzen und pfeffern. Jeweils ein Salbeiblatt darauflegen und mit Schinken umwickeln. Im heißen Öl in einer Pfanne etwa 8 Minuten braten. Die Haselnüsse kurz mitbraten. Die Bohnen abgießen und mit der Sauce und den Medaillons anrichten.

➜ Pro Person: 490 kcal, 47 g Eiweiß, 24 g Fett, 15 g Kohlenhydrate, 5 g Ballaststoffe

FRIKADELLEN MIT ARTISCHOCKENGEMÜSE

Zutaten für 4 Personen:
1 altbackenes Vollkornbrötchen
2 Zwiebeln
1 Bund Petersilie
200 g Möhren
500 g Rinderhack
1 Ei
40 g gehackte Mandeln
1 EL scharfer Senf
Salz
Pfeffer
2 Dosen Artischokenherzen
à 240 g Abtropfgewicht
2 Knoblauchzehen
750 g festkochende Kartoffeln
4 EL Rapsöl
375 ml Gemüsebrühe
5 EL Weißwein
5 EL Sahne
1 EL gehackter Majoran

ZUBEREITUNG:

1 Das Brötchen in kaltem Wasser einweichen. Die Zwiebeln schälen und fein würfeln. Die Petersilie waschen, trocken tupfen und die Blättchen fein hacken. Die Möhren putzen, schälen und fein würfeln. Die Mandeln hacken. Hackfleisch, ausgedrücktes Brötchen, Hälfte der Zwiebeln, Möhren, Ei, Mandeln, Petersilie und Senf zu einem glatten Teig verkneten. Mit Salz und Pfeffer abschmecken. Aus der Masse 12 kleine Frikadellen formen.

2 Die Artischockenherzen abtropfen lassen und in Stücke schneiden. Die Knoblauchzehen schälen und in dünne Scheiben schneiden. Die Kartoffeln schälen, waschen, in Würfel schneiden und in 2 EL heißem Öl anbraten. Den Knoblauch und die restlichen Zwiebeln dazugeben und kurz mitbraten. Mit Salz und Pfeffer würzen. Die Brühe dazugießen und die Kartoffeln etwa 15 Minuten garen.

3 Das restliche Öl in einer Pfanne erhitzen und die Frikadellen darin 10 bis 15 Minuten braten. Artischocken, Weißwein und Sahne zu den Kartoffeln geben und etwa 5 Minuten erhitzen. Mit Salz, Pfeffer und Majoran abschmecken. Mit den Frikadellen anrichten.

→ Pro Person: 710 kcal, 38 g Eiweiß, 40 g Fett, 38 g Kohlenhydrate, 19 g Ballaststoffe

Es ist sieben
wie eine Fiktion von Franz
ist ihr reales Leben. Ihr gesamter Besitz: ver-
schwunden. Alles, was in ihrer Wohnung war: weg.
Seit sieben Monaten erlebt Semberg, wie quä-
lend langsam die Hamburger Ermittlungsbehörden
arbeiten. Und wie eine Vermieterfamilie, die schon
öfter aufgefallen ist in der Stadt, offenbar denkt,
»das Recht in eigene Hände nehmen zu können«.
So formuliert es Stefan Schmalfeldt, der Leiter der
Rechtsabteilung im Hamburger Mieterverein.
»Kalte Räumung« nennen Experten das, was
Marie Semberg passiert ist. Doch an einen Fall wie
diesen, in dem der Vermieter derart rabiat auftritt,
kann sich Schmalfeldt nicht erinnern. Experten
kommen nach einigem Nachdenken allenfalls auf
einen Fall in Reinbek, wo ein jähzorniger Vermie-
ter vor gut zehn Jahren die Habseligkeiten eines
säumigen Mieters von einer Räumungsfirma ab-
holen und einlagern ließ. Aber dass er sie einfach
irgendwo versteckt? Das ist selbst für eine

RINDERSCHMORBRATEN MIT SCHALOTTEN

Zutaten für 4 Personen:

Für den Braten:

200 g Möhren
1 Stange Porree
1 Stange Staudensellerie
500 g Schalotten
2 EL Rapsöl
1 kg Rinderbraten aus der Keule
Salz
Pfeffer
500 ml Gemüsebrühe
1 Lorbeerblatt
40 g Gojibeeren
250 ml Rotwein

Für die Polenta:

200 g Polenta (Maisgrieß)
500 ml Gemüsebrühe
500 ml Milch
Salz
Pfeffer
abgeriebene Muskatnuss

ZUBEREITUNG:

1 Die Möhren putzen, schälen und in Würfel schneiden. Den Porree und den Staudensellerie putzen, waschen und in feine Ringe beziehungsweise Scheiben schneiden. Die Schalotten schälen.

2 Das Öl in einem Bräter erhitzen und das Fleisch darin von allen Seiten kräftig anbraten. Salzen und pfeffern. Fleisch herausnehmen. Möhren, Porree und Staudensellerie ins Bratfett geben und kurz andünsten. Mit der Brühe ablöschen und dabei den Bratensatz lösen. Fleisch, Lorbeerblatt, Gojibeeren und Wein dazugeben und zugedeckt etwa 1 Stunde schmoren.

3 Die Schalotten zum Fleisch geben und weitere 30 Minuten schmoren.

4 Inzwischen die Polenta nach Packungsanweisung mit Brühe und Milch zubereiten. Mit Salz, Pfeffer und Muskatnuss abschmecken.

5 Den Braten herausnehmen und kurz ruhen lassen. Die Sauce mit Salz und Pfeffer abschmecken. Das Fleisch in Scheiben schneiden und mit der Sauce und den Schalotten anrichten. Dazu die Polenta reichen.

→ Pro Person: 660 kcal, 62 g Eiweiß, 28 g Fett, 29 g Kohlenhydrate, 6 g Ballaststoffe

LAMMRAGOUT MIT WEIßEN BOHNEN

Zutaten für 4 Personen:
500 g Lammfleisch aus der Keule
200 g Möhren (oder Pastinaken)
3 Stangen Staudensellerie
2 Zwiebeln
2 Knoblauchzehen
1 Zweig Rosmarin
2 EL Rapsöl
Salz
Pfeffer
je ½ TL gemahlener Zimt, Kardamom, Kurkuma und Kreuzkümmel
150 ml Rotwein
900 ml Brühe
400 g weiße Bohnen (aus der Dose)
250 g Bulgur
etwas Pfeilwurzelstärke (nach Wunsch)

ZUBEREITUNG:

1 Vom Lammfleisch eventuell vorhandenes Fett und Sehnen entfernen. Das Fleisch in Würfel schneiden. Die Möhren putzen, schälen und in kleine Würfel schneiden. Den Staudensellerie putzen, waschen und in feine Scheiben schneiden. Die Zwiebeln und den Knoblauch schälen und fein hacken. Den Rosmarin waschen, trocken tupfen und die Nadeln hacken.

2 Das Öl in einem Bräter erhitzen und das Fleisch darin portionsweise kräftig anbraten, mit Salz und Pfeffer würzen. Zwiebeln, Knoblauch, Möhren und Staudensellerie zum Fleisch geben und anbraten. Die restlichen Gewürze dazugeben und mit Rotwein ablöschen. 400 ml Brühe hinzufügen und zugedeckt etwa 30 Minuten schmoren.

3 Die Bohnen in ein Sieb abgießen, mit kaltem Wasser abspülen und abtropfen lassen. Zum Lammfleisch geben und weitere 15 Minuten garen.

4 Die restliche Brühe aufkochen, den Bulgur dazugeben und bei geringer Hitze etwa 15 Minuten quellen lassen. Nach Wunsch das Lammragout mit etwas in Wasser angerührter Pfeilwurzelstärke andicken. Abschmecken. Mit dem Bulgur servieren.

→ Pro Person: 720 kcal, 35 g Eiweiß, 33 g Fett, 59 g Kohlenhydrate, 11 g Ballaststoffe

GEBRATENE HÄHNCHENBRUST MIT PAPRIKA-PORREE-GEMÜSE

Zutaten für 4 Personen:
500 g gelbe Spitzpaprikaschoten
2 Stangen Porree
300 g festkochende Kartoffeln
1 Zweig Rosmarin
Salz
Pfeffer
3 EL Rapsöl
4 Hähnchenbrustfilets
(à ca. 150 g)
Chiliflocken
1 Bund Petersilie
6 junge Löwenzahnblätter
2 Sardellenfilets in Öl
1 Knoblauchzehe
1 TL eingelegter grüner Pfeffer
2 EL Olivenöl
20 g Chiasamen

ZUBEREITUNG:

1 Den Backofen auf 200 °C vorheizen. Die Paprikaschoten längs halbieren, putzen, waschen und vierteln. Den Porree putzen, waschen und in Stücke schneiden. Die Kartoffeln schälen, waschen und in kleine Stücke schneiden. Den Rosmarin waschen und trocken tupfen. Das Gemüse auf die Fettfangschale des Backofens verteilen. Mit Salz und Pfeffer würzen. Den Rosmarin darüberstreuen und mit 2 EL Rapsöl beträufeln. Im Ofen etwa 40 Minuten braten.

2 Die Hähnchenbrustfilets waschen, trocken tupfen und mit Salz, Pfeffer und Chili würzen. Im restlichen heißen Rapsöl etwa 10 Minuten braten.

3 Die Petersilie waschen, trocken tupfen und die Blättchen abzupfen. Den Löwenzahn waschen und trocken tupfen. Die Sardellenfilets mit Küchenpapier trocken tupfen. Die Knoblauchzehe schälen und hacken. Petersilie, Löwenzahn, Knoblauch, Sardellenfilets, grünen Pfeffer und Rapsöl in einen hohen Rührbecher geben und zu einer Paste pürieren. Mit Salz und Pfeffer abschmecken. Sollte die Paste zu fest sein, einfach etwas Brühe untermixen.

4 Die Hähnchenbrust mit dem Gemüse anrichten und mit Chiasamen bestreuen. Die Paste als Dip dazu reichen.

→ Pro Person: 380 kcal, 41 g Eiweiß, 16 g Fett, 15 g Kohlenhydrate, 6 g Ballaststoffe

SAUERKRAUTGULASCH MIT CRANBERRYS

Zutaten für 4 Personen:
600 g Rindfleisch aus der Keule
1 Zwiebel
2 EL Rapsöl
Salz
Pfeffer
Paprikapulver edelsüß
1 Lorbeerblatt
6 Wacholderbeeren
500 ml Gemüsebrühe
500 g frisches Sauerkraut
60 g getrocknete Cranberrys
750 g vorwiegend festkochende Kartoffeln
200 ml heiße Milch
2 EL gehackte Petersilie
abgeriebene Muskatnuss
100 g saure Sahne

ZUBEREITUNG:

1 Vom Fleisch eventuell vorhandenes Fett und Sehnen entfernen. Das Fleisch in Würfel schneiden. Die Zwiebel schälen und würfeln. Öl in einem Topf erhitzen, das Fleisch darin portionsweise anbraten. Alles Fleisch hineingeben und die Zwiebel kurz mitbraten. Mit Salz, Pfeffer und Paprikapulver würzen. Lorbeerblatt und Wacholderbeeren dazugeben. Mit der Brühe ablöschen und etwa 40 Minuten schmoren.

2 Das Sauerkraut zerpflücken. Mit den Cranberrys unter das Fleisch mischen und noch weitere 45 Minuten mitschmoren.

3 Die Kartoffeln schälen, waschen, in Stücke schneiden und in gesalzenem Wasser etwa 20 Minuten gar kochen. Abgießen, das Kochwasser dabei auffangen, und die Kartoffeln grob zerdrücken. Die heiße Milch und etwas Kochwasser untermischen, bis die gewünschte Konsistenz erreicht ist. Die Petersilie unterrühren und das Püree mit Salz und Muskatnuss abschmecken.

4 Das Gulasch kräftig abschmecken und mit der sauren Sahne anrichten. Das Püree dazu servieren.

→ Pro Person: 530 kcal, 38 g Eiweiß, 22 g Fett, 40 g Kohlenhydrate, 6 g Ballaststoffe

HACKFLEISCH-ZUCCHINI-RÖLLCHEN MIT TOMATENSAUCE

Zutaten für 4 Personen:
5 Zucchini (ca. 1,2 kg)
Salz
4 EL Olivenöl
2 Knoblauchzehen
2 Lauchzwiebeln
40 g Walnusskerne
400 g Rinderhackfleisch
1 Ei
Pfeffer
½ TL gemahlener Kreuzkümmel
1 EL gehackte Minze
100 g Feta
1 rote Zwiebel
800 g stückige Tomaten (aus der Dose)
1 TL Piri-Piri (geschrotete Pfefferschoten, oder Chiliflocken)

Außerdem:
Holzstäbchen

ZUBEREITUNG:

1 Zucchini putzen, waschen und längs in dünne Scheiben schneiden. Die Randscheiben würfeln und beiseitelegen. Die Zucchinischeiben salzen und portionsweise in 3 EL heißem Öl 1 bis 2 Minuten von beiden Seiten braten. Sie sollen etwas weich sein, damit sie sich aufrollen lassen. Herausnehmen und auf Küchenpapier kurz entfetten.

2 Knoblauch schälen und hacken. Lauchzwiebeln putzen, waschen und in feine Ringe schneiden. Die Walnüsse hacken. Hackfleisch, die Hälfte vom Knoblauch, Lauchzwiebeln, Ei, Walnüsse, Salz, Pfeffer, Kreuzkümmel und Minze verkneten. Abschmecken. Aus der Masse kleine Röllchen formen.

3 Den Backofen auf 200 °C vorheizen. Jeweils 2 Zucchinischeiben nebeneinander, leicht überlappend auf die Arbeitsfläche legen. Ein Hackfleischröllchen daraufsetzen und die Scheiben aufrollen. Mit Holzstäbchen zustecken, in eine Auflaufform legen. Feta zerbröckeln und darüberstreuen. Im Ofen etwa 20 Minuten überbacken.

4 Die Zwiebel schälen, fein würfeln und im restlichen heißen Öl andünsten. Die gewürfelten Zucchini und den restlichen Knoblauch dazugeben und andünsten. Die Tomaten hinzufügen und 10 bis 15 Minuten einkochen lassen. Mit Piri-Piri und Salz kräftig abschmecken. Zu den Röllchen reichen.

➜ Pro Person: 530 kcal, 33 g Eiweiß, 38 g Fett, 12 g Kohlenhydrate, 6 g Ballaststoffe

PUTENSCHNITZEL AUF TOMATENQUINOA

Zutaten für 4 Personen:
4 Putenschnitzel (à ca. 150 g)
Salz
Pfeffer
1 EL gehackter Oregano
1 EL Limettensaft
3 EL Olivenöl
1 Fenchelknolle
250 g Kirschtomaten
1 Bund Lauchzwiebeln
1 Bund Petersilie
1 Chilischote
250 g Quinoa
200 g griechischer Naturjoghurt (10 % Fett)
1 EL Schnittlauchröllchen

ZUBEREITUNG:

1 Die Putenschnitzel waschen, trocken tupfen und in eine flache Auflaufform geben. Salz, Pfeffer, Oregano, Limettensaft und 1 EL Olivenöl verrühren und das Fleisch damit beträufeln. Etwa 30 Minuten durchziehen lassen.

2 Den Fenchel putzen, waschen und in feine Scheiben hobeln. Die Tomaten waschen und halbieren. Die Lauchzwiebeln putzen, waschen und in feine Ringe schneiden. Die Petersilie waschen, trocken tupfen und die Blättchen fein hacken. Die Chilischote längs halbieren, nach Wunsch entkernen, waschen und fein hacken.

3 Die Quinoa nach Packungsanweisung zubereiten. Den Fenchel im restlichen heißem Öl etwa 8 Minuten dünsten. Lauchzwiebeln, Tomaten und Chili dazugeben und weitere 5 Minuten dünsten. Mit Salz und Pfeffer würzen.

4 Die Schnitzel etwas abtropfen lassen und in einer beschichteten Pfanne etwa 10 Minuten braten. Die Quinoa unter das Gemüse mischen und abschmecken. Den Joghurt mit Schnittlauch verrühren. Mit Salz und Pfeffer abschmecken. Alles zusammen anrichten.

→ Pro Person: 570 kcal, 48 g Eiweiß, 18 g Fett, 49 g Kohlenhydrate, 8 g Ballaststoffe

HÜHNERFRIKASSEE MIT SPARGEL UND KOKOSMILCH

Zutaten für 4 Personen:

1 kg weißer Spargel
Salz
20 g Ingwer
1 Knoblauchzehe
1 EL Rapsöl
1 EL rote Currypaste
750 ml Gemüsebrühe
400 ml ungesüßte Kokosmilch
250 g Vollkornreis
600 g Hähnchenbrustfilet
200 g kleine Champignons
150 g TK-Erbsen
1 Limette
Pfeffer
50 g Erdnusskerne

ZUBEREITUNG:

1 Den Spargel waschen, schälen und die Enden abschneiden. Die Stangen in Stücke schneiden und im gesalzenen Wasser etwa 5 Minuten bissfest garen. Herausnehmen und abtropfen lassen.

2 Den Ingwer und den Knoblauch schälen, fein würfeln. Öl in einem Topf erhitzen, Ingwer und Knoblauch darin andünsten. Die Currypaste dazugeben, kurz anschwitzen und mit der Brühe und der Kokosmilch ablöschen. Etwa 15 Minuten offen köcheln lassen.

3 Den Vollkornreis nach Packungsanweisung in gesalzenem Wasser kochen.

4 Das Hähnchenbrustfilet waschen, trocken tupfen und in Würfel schneiden. Die Champignons putzen und vierteln. Beides mit den Erbsen und dem Spargel in die Sauce geben und etwa 5 Minuten garen. Limette auspressen. Das Frikassee mit dem Limettensaft, Salz und Pfeffer abschmecken.

5 Die Erdnüsse grob hacken und in einer beschichteten Pfanne ohne Fett rösten. Den Reis abgießen und die Nüsse daruntermischen. Mit dem Frikassee servieren.

➜ Pro Person: 770 kcal, 53 g Eiweiß, 33 g Fett, 59 g Kohlenhydrate, 9 g Ballaststoffe

ENTENBRUST MIT ROTEN LINSEN UND CASHEWKERNEN

Zutaten für 4 Personen:

3 Entenbrustfilets (à ca. 300 g)
Salz
Pfeffer
500 g Möhren
2 Stangen Porree
1 Knoblauchzehe
20 g Ingwer
1 EL Rapsöl
200 g rote Linsen
400 ml Gemüsebrühe
1 TL Currypulver
40 g Cashewkerne
½ Bund Koriander

ZUBEREITUNG:

1 Den Backofen auf 200 °C vorheizen. Die Entenbrustfilets waschen und trocken tupfen. Die Haut diagonal und über Kreuz einschneiden. Mit Salz und Pfeffer würzen. Die Entenbrustfilets mit der Haut nach unten in einer heißen Pfanne etwa 10 Minuten anbraten. Wenden und weitere 5 Minuten braten. Herausnehmen und mit der Haut nach oben auf die Fettfangschale legen und im Ofen weitere 15 bis 20 Minuten braten.

2 Die Möhren putzen, schälen und in kleine Würfel schneiden. Den Porree putzen, waschen und in feine Stücke schneiden. Knoblauch und Ingwer schälen und fein würfeln. Öl in einem Topf erhitzen und das Gemüse darin andünsten. Die Linsen dazugeben, andünsten. Die Brühe dazugießen, mit Salz, Pfeffer und Curry würzen und etwa 10 Minuten garen.

3 Die Cashewkerne in einer beschichteten Pfanne ohne Fett goldbraun rösten. Den Koriander waschen, trocken tupfen und die Blättchen grob hacken. Die Entenbrustfilets aus dem Ofen nehmen und abgedeckt kurz ruhen lassen. Das Linsengemüse mit dem Koriander und den Cashewkernen bestreuen und zum Fleisch reichen.

→ Pro Person: 850 kcal, 59 g Eiweiß, 50 g Fett, 39 g Kohlenhydrate, 7 g Ballaststoffe

NUDELAUFLAUF MIT HACKFLEISCH

Zutaten für 4 Personen:
300 g Vollkornnudeln (z. B. Penne oder Makkaroni)
Salz
500 g Tomaten
250 g Möhren
2 Lauchzwiebeln
1 Knoblauchzehe
400 g Rinderhackfleisch
2 EL Rapsöl
Cayennepfeffer
100 ml Gemüsebrühe
2 EL gehackter Thymian
100 g Parmesan
4 Eier
250 ml Milch
100 g Sahne
Pfeffer
30 g gehackte Mandeln
30 g Rucola

Außerdem:
Fett für die Form

ZUBEREITUNG:

1 Die Nudeln nach Packungsanweisung in gesalzenem Wasser bissfest kochen. Abgießen, abtropfen und abkühlen lassen.

2 Den Backofen auf 200 °C vorheizen. Die Tomaten häuten (siehe Tipp Seite 137), halbieren, entkernen, vom Stielansatz befreien und in Stücke schneiden. Die Möhren putzen, schälen und würfeln. Die Lauchzwiebeln putzen, waschen und in Ringe schneiden. Den Knoblauch schälen und fein würfeln.

3 Das Hackfleisch im heißen Öl portionsweise krümelig anbraten. Knoblauch, Möhren und Lauchzwiebeln dazugeben, kurz mitbraten und mit Salz und Cayennepfeffer würzen. Die Brühe und den Thymian dazugeben und alles 5 Minuten köcheln lassen. Abschmecken.

4 Die Mandeln hacken und den Parmesan reiben. Nudeln, Tomaten und Hackfleisch in eine leicht gefettete Auflaufform schichten. Eier, Milch, Sahne, Salz und Pfeffer verrühren. Die Hälfte vom Parmesan unterrühren und die Masse über dem Auflauf verteilen. Mit dem restlichen Käse und den Mandeln bestreuen. Im Ofen etwa 40 Minuten überbacken.

5 Den Rucola verlesen, waschen und grob hacken. Den Auflauf herausnehmen und mit dem Rucola bestreuen.

➔ Pro Person:900 kcal, 51 g Eiweiß, 49 g Fett, 59 g Kohlenhydrate, 13 g Ballaststoffe

FISCH

GRAVED LACHS MIT ENDIVIEN-GURKEN-SALAT

Zutaten für4 Personen:
750 g festkochende Kartoffeln
1 Salatgurke
200 g Endiviensalat
1 Bund Radieschen
½ Bund Schnittlauch
4 EL Weißweinessig
3 EL Gemüsebrühe
Salz
Pfeffer
6 EL Rapsöl
½ Bund Dill
2 EL mittelscharfer Senf
2 EL Honig
2 Schalotten
400 g Graved Lachs, in Scheiben

ZUBEREITUNG:

1 Die Kartoffeln waschen und mit Schale etwa 20 Minuten kochen. Abgießen, ausdämpfen lassen und pellen. Die Kartoffeln in Scheiben schneiden. Abkühlen lassen.

2 Die Gurke schälen, längs halbieren und in Scheiben schneiden. Den Endiviensalat putzen, waschen und in grobe Streifen schneiden. Die Radieschen putzen, waschen und in Scheiben schneiden. Den Schnittlauch waschen, trocken tupfen und in feine Röllchen schneiden. Alles vermischen. 3 EL Essig, Brühe, Salz, Pfeffer und 3 EL Öl verrühren. Über den Salat geben. Abschmecken.

3 Den Dill waschen, trocken tupfen und fein hacken. Senf, Honig und 1 EL Essig verrühren. 2 EL Öl und den Dill unterrühren. Mit Salz und Pfeffer abschmecken.

4 Die Schalotten schälen und fein würfeln. Die Kartoffeln im restlichen heißen Öl 10 bis 15 Minuten braten. Die Schalotten dazugeben und kurz mitbraten. Mit Salz und Pfeffer würzen. Den Lachs mit den Bratkartoffeln und dem Salat anrichten. Die Sauce dazu reichen.

→ Pro Person: 500 kcal, 26 g Eiweiß, 27 g Fett, 34 g Kohlenhydrate, 4 g Ballaststoffe

LACHS-BAMBUS-CURRY

Zutaten für 4 Personen:

½ Bio-Limette
600 g Lachsfilet
Salz
Pfeffer
1 Stange Porree
2 Paprikaschoten
100 g Mungobohnensprossen
200 g Bambussprossen, in Streifen oder Scheiben (aus dem Glas)
1 Zwiebel
1 Chilischote
2 EL Rapsöl
400 ml ungesüßte Kokosmilch
2–3 EL Sojasauce
1 Bund Koriander
40 g gesalzene Erdnüsse

ZUBEREITUNG:

1 Die Limette heiß waschen, trocken reiben, die Schale abreiben und den Saft auspressen. Das Lachsfilet waschen, trocken tupfen und in Stücke schneiden. Mit Salz, Pfeffer, Limettenschale und -saft würzen.

2 Den Porree und die Paprikaschoten putzen, waschen und in Ringe beziehungsweise Würfel schneiden. Die Mungobohnensprossen waschen und abtropfen lassen. Die Bambussprossen abtropfen lassen. Die Zwiebel schälen und fein würfeln. Die Chilischote halbieren, nach Wunsch entkernen, waschen und fein hacken.

3 Das Öl in einer großen Pfanne erhitzen. Den Porree und die Paprika darin 2 Minuten andünsten. Die Zwiebel und die Chilischote dazugeben und kurz mitdünsten. Kokosmilch, Sojasauce und Sprossen dazugeben und etwa 5 Minuten garen.

4 Das Lachsfilet zum Kokosgemüse hinzugeben und abgedeckt etwa 5 Minuten gar ziehen lassen. Den Koriander waschen, trocken tupfen und die Blättchen hacken. Die Erdnüsse grob hacken. Beides über das Curry streuen. Abschmecken.

➜ Pro Person:600 kcal, 37 g Eiweiß, 46 g Fett, 7 g Kohlenhydrate, 4 g Ballaststoffe

THUNFISCHSTEAK MIT GESCHMORTEN LINSEN

Zutaten für 4 Personen:

4 Thunfischsteaks (à ca. 150 g)
1 Knoblauchzehe
20 g Ingwer
2 EL Weißwein
1 Bund Suppengemüse
1 Zwiebel
4 EL Rapsöl
1 EL Currypulver
300 g Puy Linsen
400 ml Brühe
Salz
Pfeffer
1–2 EL Aceto balsamico
2 EL Schnittlauchröllchen

ZUBEREITUNG:

1 Die Thunfischsteaks waschen, trocken tupfen und in eine Schüssel geben. Den Knoblauch und den Ingwer schälen und fein würfeln. Den Weißwein dazugeben und die Marinade über den Thunfisch gießen. Etwa 1 Stunde abgedeckt kalt stellen.

2 Das Suppengemüse putzen beziehungsweise schälen, waschen und in feine Würfel oder Stücke schneiden. Die Zwiebel schälen, würfeln und in 2 EL heißem Öl andünsten. Das Suppengemüse dazugeben und andünsten. Mit dem Curry bestäuben und kurz anschwitzen. Die Linsen und die Brühe hinzufügen und 30 bis 40 Minuten garen.

3 Den Thunfisch trocken tupfen, mit Salz und Pfeffer würzen. Übriges Öl in einer Pfanne erhitzen und die Steaks darin von jeder Seite 1 bis 2 Minuten braten.

4 Das Linsengemüse mit Aceto balsamico, Salz und Pfeffer abschmecken. Den Schnittlauch untermischen. Die Linsen mit dem Thunfisch anrichten.

→ Pro Person: 730 kcal, 52 g Eiweiß, 37 g Fett, 42 g Kohlenhydrate, 11 g Ballaststoffe

FISCHFRIKADELLEN MIT KARTOFFEL-CHICORÉE-PÜREE

Zutaten für 4 Personen:

Für die Fischfrikadellen:
600 g Kabeljaufilet
100 ml Milch
Salz
Pfeffer
1 EL gehackte Petersilie
1 TL abgeriebene Schale von einer Bio-Zitrone
1 EL Haferflocken
1 TL Dinkelmehl
2 EL Rapsöl

Für das Püree:
750 g vorwiegend festkochende Kartoffeln
1 Staude Chicorée
Salz
250 ml heiße Milch
20 g Butter
abgeriebene Muskatnuss
30 g gehobelte Haselnüsse

ZUBEREITUNG:

1 Für die Fischfrikadellen das Kabeljaufilet waschen, trocken tupfen und in Stücke schneiden. Mithilfe einer Küchenmaschine mit dem Schlagmesser zerkleinern, in eine Schüssel geben. Milch, Salz, Pfeffer, Petersilie, Zitronenschale, Haferflocken und Dinkelmehl dazugeben und verkneten. Abschmecken und eventuell noch mit etwas Salz und Pfeffer nachwürzen. Wer nicht probieren mag, brät eine kleine Frikadelle.

2 Für das Püree die Kartoffeln schälen, waschen und in Stücke schneiden. Den Chicorée putzen, waschen, halbieren, den bitteren Strunk entfernen und die Hälften in Stücke schneiden. Beides in gesalzenem Wasser etwa 20 Minuten gar kochen.

3 Aus der Fischmasse mit angefeuchteten Händen 8 kleine Frikadellen formen und im heißen Öl 5 bis 8 Minuten braten.

4 Die Milch erhitzen. Die Kartoffel-Chicorée-Mischung abgießen, dabei das Kochwasser auffangen und die Masse im Topf grob zerdrücken. Die heiße Milch und etwas Kochwasser untermischen, bis die gewünschte Konsistenz erreicht ist. Die Butter unterrühren und das Püree mit Salz und Muskatnuss abschmecken. Mit den Haselnüssen bestreuen.

→ Pro Person: 450 kcal, 35 g Eiweiß, 18 g Fett, 32 g Kohlenhydrate, 3 g Ballaststoffe

ZANDERFILET
MIT TOMATEN-AUBERGINEN-GEMÜSE

Zutaten für 4 Personen:
4 Zanderfilets, ohne Haut
(à ca. 150 g)
Salz
Pfeffer
1 EL Zitronensaft
600 g Tomaten
2 Auberginen
2 Lauchzwiebeln
2 Knoblauchzehen
2 Zweige Rosmarin
3 EL Olivenöl
500 g festkochende Kartoffeln
20 g Chiasamen

ZUBEREITUNG:

1 Das Zanderfilet waschen, trocken tupfen und mit Salz und Pfeffer würzen. Mit dem Zitronensaft beträufeln.

2 Die Tomaten häuten (siehe Tipp Seite 137) und grob würfeln. Die Auberginen putzen, waschen und in Stücke schneiden. Die Lauchzwiebeln putzen, waschen und in feine Ringe schneiden. Den Knoblauch schälen und in dünne Scheiben schneiden. Den Rosmarin waschen, trocken tupfen und die Nadeln hacken.

3 In einer beschichteten Pfanne 2 EL Öl erhitzen und die Auberginen darin 5 Minuten kräftig anbraten. Lauchzwiebeln, Knoblauch und Rosmarin dazugeben und kurz andünsten. Die Tomaten hinzufügen, salzen und pfeffern und alles etwa 15 Minuten schmoren.

4 Die Kartoffeln schälen, waschen und in hauchdünne Scheiben hobeln. Die Kartoffeln schuppenartig auf einer Fischseite verteilen. Kräftig mit Salz und Pfeffer würzen. Das restliche Öl in einer beschichteten Pfanne erhitzen und die Filets mit der Kartoffelseite nach unten hineinlegen und etwa 5 Minuten braten. Vorsichtig wenden und bei geringer Hitze etwa 3 Minuten fertig braten.

5 Das Gemüse abschmecken und mit den Chiasamen bestreuen. Mit dem Fisch anrichten.

→ Pro Person: 400 kcal, 35 g Eiweiß, 16 g Fett, 24 g Kohlenhydrate, 7 g Ballaststoffe

FENCHEL-SPAGHETTI MIT MEERESFRÜCHTEN

Zutaten für 4 Personen:
250 g TK-Frutti di Mare
(gemischte Meeresfrüchte)
200 g Lachsfilet
1 Fenchelknolle
1 Chilischote
2 Knoblauchzehen
1 Bund Basilikum
250 g Kirschtomaten
30 g Pinienkerne
300 g Vollkornspaghetti
Salz
3 EL Olivenöl
Pfeffer

ZUBEREITUNG:

1 Die Meeresfrüchte nach Packungsanweisung auftauen lassen. Den Lachs waschen, trocken tupfen und in kleine Stücke schneiden.

2 Den Fenchel putzen, waschen und in feine Streifen schneiden. Die Chilischote längs halbieren, entkernen, waschen und fein schneiden. Den Knoblauch schälen und in feine Scheiben schneiden. Das Basilikum waschen, trocken tupfen und hacken. Die Tomaten waschen und vierteln. Die Pinienkerne in einer beschichteten Pfanne ohne Fett goldbraun rösten.

3 Die Spaghetti nach Packungsanweisung in gesalzenem Wasser bissfest kochen.

4 Währenddessen Meeresfrüchte mit kaltem Wasser abspülen und abtropfen lassen. Den Fenchel in 2 EL heißem Öl etwa 3 Minuten dünsten. Den Knoblauch und die Chilischote dazugeben und kurz andünsten. Tomaten hinzufügen und etwa 3 Minuten weiterdünsten. Die Meeresfrüchte und den Lachs im restlichen heißen Öl 3 Minuten braten, herausnehmen und zum Gemüse geben. Mit Salz und Pfeffer würzen.

5 Die Spaghetti durch ein Sieb abgießen, dabei etwas Kochwasser auffangen, und tropfnass unter die Meeresfrüchte mischen. Abschmecken. Das Basilikum untermischen. Eventuell noch etwas Kochwasser dazugeben. Mit den Pinienkernen bestreuen.

→ Pro Person: 550 kcal, 34 g Eiweiß, 20 g Fett, 52 g Kohlenhydrate, 12 g Ballaststoffe

HEILBUTTFILET MIT ZITRONENMÖHREN UND LÖWENZAHN

Zutaten für 4 Personen:
4 schwarze Heilbuttfilets (à ca. 200 g)
Salz
Pfeffer
2 EL Limettensaft
1 Chilischote
1 Zwiebel
750 g Möhren
1 Bio-Zitrone
20 g Butter
5 EL Brühe
2 EL Olivenöl
2 EL Dinkelmehl
einige Salbeiblättchen
8 Löwenzahnblätter
30 g gehackte Mandeln

ZUBEREITUNG:

1 Heilbuttfilets waschen und trocken tupfen. Mit Salz und Pfeffer würzen und mit Limettensaft beträufeln.

2 Die Chilischote längs halbieren, nach Wunsch entkernen, waschen und fein hacken. Die Zwiebel schälen und fein würfeln. Die Möhren putzen, schälen und der Länge nach in breite Streifen schneiden. Die Zitrone heiß waschen, trocken reiben und die Schale abreiben. Den Saft auspressen.

3 Die Butter erhitzen und die Zwiebel und den Chili darin andünsten. Die Möhren dazugeben und andünsten. Mit Zitronenschale und -saft, Salz und Pfeffer würzen. Die Brühe dazugießen und zugedeckt etwa 10 Minuten dünsten.

4 Das Öl in einer Pfanne erhitzen. Die Fischfilets in Mehl wenden, abklopfen und im heißen Fett etwa 8 Minuten braten. Den Salbei kurz mitbraten.

5 Den Löwenzahn waschen, trocken schütteln und grob hacken. Die Mandeln und den Löwenzahn über die Möhren streuen und den Fisch darauf anrichten.

→ Pro Person: 410 kcal, 45 g Eiweiß, 17 g Fett, 16 g Kohlenhydrate, 6 g Ballaststoffe

MEDITERRANE DORADEN AUS DEM OFEN

Zutaten für 4 Personen:
4 küchenfertige Doraden
(à ca. 350 g)
Salz
Pfeffer
1 Bio-Orange
2 Knoblauchzehen
8 Salbeiblätter
2 Fenchelknollen
1 Gemüsezwiebel
4 Zweige Thymian
1 EL Fenchelsamen
50 g grüne, entsteinte Oliven
6 EL Olivenöl
40 g gehobelte Mandeln
500 g gekochte Kartoffeln vom Vortag
1 Zweig Rosmarin

ZUBEREITUNG:

1 Den Backofen auf 200 °C vorheizen. Die Doraden waschen, trocken tupfen und mit Salz und Pfeffer würzen. Die Orange heiß waschen, trocken reiben und in dünne Scheiben schneiden. Den Knoblauch schälen und in dünne Scheiben schneiden. Die Doraden mit Salbeiblättern, Knoblauch und Orange füllen. Nebeneinander auf die Fettfangschale legen.

2 Die Fenchelknollen putzen, waschen und in Streifen schneiden. Die Zwiebel schälen und in dünne Scheiben schneiden. Den Thymian waschen, trocken tupfen und die Blättchen abzupfen. Fenchelsamen hacken. Gemüse, Thymian, Fenchelsamen und Oliven zu den Doraden geben. Mit Salz und Pfeffer würzen. Mit 4 EL Öl beträufeln. Im Ofen etwa 45 Minuten braten.

3 Die Mandeln in einer beschichteten Pfanne ohne Fett goldbraun rösten. Herausnehmen. Die Kartoffeln in Stücke schneiden und im restlichen heißen Öl in der Pfanne 10 bis 15 Minuten braten. Mit Salz und Pfeffer würzen und den Rosmarin dazugeben. Die Doraden mit dem Gemüse anrichten und mit den Mandelblättchen bestreuen.

➜ Pro Person: 540 kcal, 47 g Eiweiß, 26 g Fett, 26 g Kohlenhydrate, 6 g Ballaststoffe

FISCHRÖLLCHEN MIT SELLERIE-TOPINAMBUR-STAMPF

Zutaten für 4 Personen:
Für die Fischröllchen:
8 Schollenfilets (à ca. 80 g)
Salz
Pfeffer
60 g getrocknete Chili-Tomaten
1 Knoblauchzehe
30 g gehackte Mandeln
2 EL gehackte Petersilie
1 rote Zwiebel
3 EL Rapsöl
5 EL Weißwein
200 ml Fischfond (oder Gemüsebrühe)
40 g Rucola

Für den Selleriestampf:
400 g Knollensellerie
300 g Topinambur
400 g mehligkochende Kartoffeln
Salz
250 ml heiße Milch
20 g Butter
Pfeffer
abgeriebene Muskatnuss

Außerdem:
Holzstäbchen

ZUBEREITUNG:

1 Für die Fischröllchen die Schollenfilets waschen, trocken tupfen und würzen. Die Tomaten und die Mandeln fein hacken. Die Knoblauchzehe schälen und hacken. Mandeln, Petersilie, Tomaten und Knoblauch mischen. Salzen und pfeffern. Die Masse auf die Schollenfilets verteilen, aufrollen und mit Holzstäbchen zustecken.

2 Für den Stampf Sellerie und den Topinambur schälen, in Stücke schneiden. Kartoffeln schälen, waschen, klein schneiden. Alles in gesalzenem Wasser etwa 20 Minuten kochen.

3 Die Zwiebel schälen, fein würfeln und im heißen Öl andünsten. Die Fischröllchen dazugeben und kurz andünsten. Den Wein und die Brühe dazugießen und zugedeckt etwa 10 Minuten garziehen lassen.

4 Die Sellerie-Topinambur-Mischung abgießen, das Kochwasser dabei auffangen, und die Masse im Topf grob zerdrücken. Heiße Milch und etwas Kochwasser untermischen, bis die gewünschte Konsistenz erreicht ist. Butter unterrühren und mit Salz, Pfeffer und Muskatnuss abschmecken.

5 Rucola verlesen, waschen, trocken tupfen und grob hacken. Die Fischröllchen herausnehmen, abdecken. Den Fond etwas einkochen lassen, abschmecken. Die Röllchen mit Rucola bestreuen und mit dem Fond und dem Stampf anrichten.

→ Pro Person: 490 kcal, 37 g Eiweiß, 23 g Fett, 23 g Kohlenhydrate, 15 g Ballaststoffe

GEBRATENES KABELJAUFILET MIT ROTE-BETE-PÜREE

Zutaten für 4 Personen:
800 g Kabeljaufilet
Salz
Pfeffer
1 EL Zitronensaft
1 kg mehligkochende Kartoffeln
100 g Endiviensalat
3 EL Rapsöl
200 ml Rote-Bete-Saft
100 ml Milch
20 g Butter
40 g gehackte Mandeln

ZUBEREITUNG:

1 Das Kabeljaufilet waschen, trocken tupfen und in 4 Stücke schneiden. Mit Salz und Pfeffer würzen und mit Zitronensaft beträufeln.

2 Die Kartoffeln schälen, waschen, in Stücke schneiden und in gesalzenem Wasser etwa 20 Minuten gar kochen. Den Endiviensalat putzen, waschen und in Streifen schneiden.

3 Das Öl in einer Pfanne erhitzen und das Fischfilet darin etwa 10 Minuten braten. Den Rote Bete-Saft und die Milch erhitzen. Die Kartoffeln abgießen, das Kochwasser dabei auffangen. Die Kartoffeln zerstampfen. Die Rote Bete-Saft-Mischung und etwas Kochwasser (etwa 150 bis 200 ml) untermischen, bis die gewünschte Konsistenz erreicht ist. Die Butter unterrühren. Mit Salz und Pfeffer abschmecken.

4 Mandeln über das Fischfilet streuen. Fisch und Püree auf Tellern anrichten. Den Endiviensalat darüberstreuen.

→ Pro Person: 510 kcal, 44 g Eiweiß, 19 g Fett, 37 g Kohlenhydrate, 4 g Ballaststoffe

OKTOPUS MIT KICHERERBSEN

Zutaten für 4 Personen:
1 küchenfertiger Oktopus
(ca. 1 kg)
2 Fleischtomaten
1 Dose Kichererbsen
(800 g Füllmenge)
1 Zwiebel
2 Knoblauchzehen
3 EL Olivenöl
Salz
Pfeffer
200 ml Rotwein
1 Bund Petersilie

ZUBEREITUNG:

1 Den Oktopus waschen und trocken tupfen. In einen Topf geben und bei mittlerer Hitze ohne Flüssigkeit 50 bis 60 Minuten garen. Er zieht dabei Wasser und ist gar, wenn sich das Messer beim Einstechen ganz leicht herausziehen lässt. Den Oktopus herausnehmen und abkühlen lassen.

2 Den Oktopus in Stücke schneiden. Die Tomaten häuten (siehe Tipp) und grob würfeln. Die Kichererbsen durch ein Sieb abgießen, kalt abspülen und gut abtropfen lassen. Die Zwiebel und den Knoblauch schälen, in kleine Würfel schneiden und im heißen Öl andünsten. Die Tomaten dazugeben, andünsten und mit Salz und Pfeffer würzen. Mit dem Wein ablöschen und etwa 10 Minuten köcheln lassen.

3 Die Kichererbsen und den Oktopus hineingeben und 5 bis 10 Minuten erhitzen. Die Petersilie waschen, trocken tupfen und hacken. Über den Oktopus streuen.

→ Pro Person: 490 kcal, 50 g Eiweiß, 13 g Fett, 31 g Kohlenhydrate, 7 g Ballaststoffe

TIPP

Tomaten häuten leicht gemacht – Tomaten mit einem Küchenmesser auf der Unterseite kreuzförmig anritzen und kurz in siedendem Wasser tauchen. Dann die Tomaten in einer Schüssel mit kaltem Wasser abschrecken, dabei löst sich die Haut der Tomaten schon fast von selbst. Tomaten aus dem Wasser nehmen, abtropfen lassen und die Haut mit einem kleinen Messer abziehen.

LACHSTATAR MIT GEBRATENEM SPARGEL

Zutaten für 4 Personen:
300 g sehr frisches Lachsfilet
200 g geräucherter Lachs
1 Bio-Zitrone
Salz
Chiliflocken
750 g weißer Spargel
4 EL Olivenöl
100 g Rucola
1–2 EL Orangensaft
Pfeffer
30 g gehobelte Mandeln

ZUBEREITUNG:

1 Den frischen Lachs waschen, trocken tupfen und in sehr feine Würfel schneiden. Den geräucherten Lachs ebenfalls fein würfeln. Die Zitrone heiß waschen, trocken reiben, die Schale dünn abreiben und den Saft auspressen. Den Lachs, die Hälfte des Saftes und der Schale, Salz und Chili mischen.

2 Den Spargel waschen, schälen, Enden abschneiden und in Stücke schneiden. Den Spargel in 2 EL heißem Öl 10 bis 15 Minuten bissfest braten. Herausnehmen. Den Rucola verlesen, waschen, trocken schleudern und grob hacken. Restlichen Zitronensaft und -schale sowie das übrige Öl, Orangensaft, Salz und Pfeffer verrühren. Die Marinade über den Spargel geben und den Rucola untermischen.

3 Aus der Lachsmasse mit einem Esslöffel Nocken abstechen und auf dem Spargel anrichten. Mit den Mandelblättchen bestreuen.

→ **Pro Person: 410 kcal, 30 g Eiweiß, 29 g Fett, 4 g Kohlenhydrate, 3 g Ballaststoffe**

GEBACKENE SARDINEN MIT SCHNITTLAUCHDIP UND KARTOFFELSPALTEN

Zutaten für 4 Personen:
1 kg festkochende Kartoffeln
150 g Salatgurke
½ Bund Radieschen
2 Knoblauchzehen
1 Bund Schnittlauch
500 g Vollmilchjogurt
Salz
Pfeffer
16 küchenfertige Sardinen (ca. 1,2 kg)
2 EL Rapsöl
3 EL Dinkelmehl (Type 630)
1 Bio-Zitrone

Außerdem:
Öl zum Frittieren

ZUBEREITUNG:

1 Die Kartoffeln waschen und mit Schale etwa 20 Minuten garen. Abgießen, abdampfen lassen und noch heiß pellen. Abkühlen lassen.

2 Die Gurke schälen, der Länge halbieren, entkernen und in kleine Würfel schneiden. Die Radieschen putzen, waschen und ebenfalls würfeln. Den Knoblauch schälen und fein hacken. Den Schnittlauch waschen, trocken tupfen und in feine Röllchen schneiden. Joghurt, Gurke, Radieschen, Knoblauch und Schnittlauch verrühren. Mit Salz und Pfeffer abschmecken.

3 Die Sardinen waschen, trocken tupfen und innen und außen salzen und pfeffern. Die Kartoffeln in Spalten schneiden und im heißen Öl etwa 10 Minuten braten. Mit Salz und Pfeffer würzen.

4 Das Frittieröl erhitzen. Die Sardinen in Mehl wenden, überschüssiges Mehl abklopfen und die Sardinen 5 bis 8 Minuten frittieren. Auf Küchenpapier geben und abtropfen lassen. Mit den Kartoffeln und dem Dip anrichten. Zitrone heiß waschen, trocken reiben, in Spalten schneiden und dazu reichen.

→ Pro Person: 810 kcal, 70 g Eiweiß, 34 g Fett, 51 g Kohlenhydrate, 8 g Ballaststoffe

KORIANDER-GARNELEN MIT TOMATEN

Zutaten für 4 Personen:
12 Riesengarnelen, roh ohne Schale (à ca. 50 g)
1 Chilischote
½ Zitrone
4 EL Olivenöl
½ TL gemahlener Kurkuma
Salz
1 Stück Ingwer (20 g)
1 Bund Lauchzwiebeln
500 g Kirschtomaten
1 Paprikaschote
1 Bund Koriander (oder Petersilie)
Pfeffer
5 EL Weißwein
30 g Sesam

ZUBEREITUNG:

1 Die Garnelen auf der Rückenseite einschneiden, den Darm entfernen, waschen und trocken tupfen.

2 Die Chilischote längs halbieren, nach Wunsch die Kerne entfernen, waschen und sehr fein hacken. Zitrone auspressen. Saft mit Öl, Kurkuma und Salz verrühren, über die Garnelen geben und etwa 1 Stunde marinieren.

3 Den Ingwer schälen und fein würfeln. Die Lauchzwiebeln putzen, waschen und in Ringe schneiden. Tomaten waschen und halbieren. Die Paprikaschote putzen, waschen und in kleine Würfel schneiden. Den Koriander waschen, trocken tupfen und hacken.

4 Eine Pfanne erhitzen und die Garnelen darin etwa 4 Minuten braten. Herausnehmen. Den Ingwer und die Lauchzwiebeln im Bratfett andünsten. Paprika und Tomaten dazugeben und etwa 4 Minuten weiterbraten. Mit Salz und Pfeffer würzen. Mit dem Wein ablöschen. Die Garnelen und den Koriander dazugeben und erhitzen. Mit dem Sesam bestreuen.

→ Pro Person: 330 kcal, 31 g Eiweiß, 16 g Fett, 10 g Kohlenhydrate, 4 g Ballaststoffe

TIPP

Sättigender wird dieses Gericht, wenn Sie noch Quinoa dazu reichen.

GEGRILLTE SARDINEN MIT ZWEIERLEI PAPRIKASAUCEN

Zutaten für 4 Personen:
6 grüne Chilischoten (ca. 50 g)
3 rote Paprikaschoten
1 Bund Petersilie
2 Knoblauchzehen
ca. 4 EL Gemüsebrühe
4 EL Olivenöl
Salz
Pfeffer
½ TL gemahlener Kreuzkümmel
2 Nektarinen
1 rote Zwiebel
1–2 EL Zitronensaft
1 EL süß-scharfe Chilisauce
16 küchenfertige Sardinen (ca. 1,2 kg)
1 Vollkornbaguette (ca. 250 g)

Außerdem:
Wendegitter für den Grill

ZUBEREITUNG:

1 Chilischoten und eine rote Paprikaschote putzen, waschen und klein schneiden. Die Petersilie waschen, trocken tupfen und die Blättchen abzupfen. Alles in einen hohen Rührbecher geben. Den Knoblauch schälen und dazupressen. Die Brühe und das Öl nach und nach dazugießen und mit dem Stabmixer fein pürieren. Mit Salz, Pfeffer und Kreuzkümmel abschmecken.

2 Die restlichen Paprikaschoten putzen, waschen. Die Nektarinen waschen, halbieren, entsteinen. Die Zwiebel schälen. Alles fein würfeln und mischen. Mit Zitronensaft und Chilisauce abschmecken.

3 Die Sardinen waschen, trocken tupfen und innen und außen salzen und pfeffern. Die Fische in Wendegitter klemmen und etwa 10 Minuten grillen. Zwischendurch wenden. Baguette in Scheiben schneiden. Die Sardinen mit den beiden Saucen und dem Baguette anrichten.

→ Pro Person: 710 kcal, 67 g Eiweiß, 27 g Fett, 43 g Kohlenhydrate, 11 g Ballaststoffe

TIPP

Wer keinen Grill hat, kann die Sardinen auch portionsweise in einer beschichteten Pfanne in 4 EL Rapsöl 8 bis 10 Minuten braten.

GEGRILLTE MAKRELEN MIT TOMATENSALAT

Zutaten für 4 Personen:
4 küchenfertige Makrelen
(à ca. 300 g)
Salz
Pfeffer
1 Knoblauchzehe
1 Zitrone
5 EL Olivenöl
1 TL Chiliflocken
einige Blättchen Salbei und
Zitronenmelisse
750 g Tomaten
100 g Endiviensalat
1 rote Zwiebel
50 g getrocknete Tomaten
3 EL Sherryessig
1 TL Senf

ZUBEREITUNG:

1 Die Makrelen waschen, trocken tupfen und auf beiden Seiten mehrmals einschneiden. Mit Salz und Pfeffer würzen. In eine flache Schale legen. Den Knoblauch schälen und fein hacken. Zitrone auspressen. Zitronensaft, 2 EL Öl, Chili und Knoblauch verrühren. Über die Fische geben. Die Kräuterblättchen waschen, trocken tupfen, grob hacken und darüber streuen. Abgedeckt etwa 1 Stunden marinieren.

2 Die frischen Tomaten waschen, vierteln und den Stielansatz entfernen. Den Endiviensalat putzen, waschen und zerpflücken. Die Zwiebel schälen und in feine Ringe schneiden. Die getrockneten Tomaten in Streifen schneiden. Alle Zutaten mischen. Essig, Senf, Salz, Pfeffer und restliches Öl verrühren. Abschmecken. Über den Salat geben.

3 Die Makrelen herausnehmen, die Kräuter abstreifen, abtropfen lassen und 15 bis 20 Minuten grillen oder bei 200°C im vorgeheizten Backofen auf der Fettfangschale etwa 30 Minuten braten. Mit dem Tomatensalat servieren.

→ Pro Person: 470 kcal, 37 g Eiweiß, 32 g Fett, 7 g Kohlenhydrate, 4 g Ballaststoffe

MEERESFRÜCHTE-REISPFANNE

Zutaten für 4 Personen:
500 g TK-Frutti di Mare
(gemischte Meeresfrüchte)
250 g Vollkornreis
Salz
2 Stangen Porree
1 Paprikaschote
200 g Möhren (oder Pastinaken)
1 Schalotte
1 Knoblauchzehe
4 EL Rapsöl
Pfeffer
100 ml Gemüsebrühe
1 Briefchen Safranfäden (0,1 g)
5 EL Weißwein
75 g TK-Erbsen

ZUBEREITUNG:

1 Die Meeresfrüchte nach Packungsanweisung auftauen lassen.

2 Den Reis nach Packungsanweisung in gesalzenem Wasser kochen und abkühlen lassen.

3 Den Porree und die Paprika putzen, waschen und in Ringe beziehungsweise Würfel schneiden. Die Möhren putzen, schälen und in Scheiben schneiden. Die Schalotte und die Knoblauchzehe schälen, fein würfeln. Die Meeresfrüchte mit kaltem Wasser abspülen und trocken tupfen. 2 EL Öl in einer großen Pfanne erhitzen, Meeresfrüchte darin 2 Minuten braten. Herausnehmen.

4 Restliches Öl erhitzen, Paprika und Möhren darin anbraten. Mit Salz und Pfeffer würzen. Gemüsebrühe erhitzen, den Safran darin auflösen und zum Gemüse geben. Den Wein hinzufügen und das Gemüse etwa 10 Minuten dünsten. Den Porree und die Erbsen dazugeben und weitere 5 Minuten garen. Den Reis und die Meeresfrüchte untermischen und erhitzen. Abschmecken.

→ Pro Person: 500 kcal, 29 g Eiweiß, 14 g Fett, 57 g Kohlenhydrate, 5 g Ballaststoffe

LACHS-PORREE-QUICHE

Zutaten für 4 Personen

200 g Dinkelmehl (Type 1050)
100 g weiche Butter
Salz
800 g Porree
1 EL Rapsöl
300 g geräucherter Lachs
Pfeffer
1–2 EL Zitronensaft
3 Eier
125 ml Milch
5 EL Sahne

Außerdem:

Backpapier
Trockenerbsen

ZUBEREITUNG:

1 Mehl, Butter, 5 EL Wasser und ½ TL Salz zu einem glatten Teig verkneten. Zu einer Rolle formen, in Folie wickeln und etwa 1 Stunde kühl stellen.

2 Den Porree putzen, waschen und in Ringe schneiden. Im heißen Öl etwa 8 Minuten braten. Den Lachs in Streifen schneiden und dazugeben. Mit Salz, Pfeffer und Zitronensaft abschmecken.

3 Den Backofen auf 200 °C vorheizen. Den Boden einer Springform (26 cm Durchmesser) einfetten. 2/3 des Teiges auf leicht bemehlter Arbeitsfläche in Größe der Form ausrollen und den Springformboden damit auslegen. Aus dem restlichen Teig eine Rolle formen, auf den Teigboden legen und als Rand etwa 3 cm hochdrücken. Den Boden mit einer Gabel mehrmals einstechen, mit Backpapier und Trockenerbsen belegen und etwa 10 Minuten vorbacken. Herausnehmen, Backpapier entfernen.

4 Eier, Milch, Sahne, Salz und Pfeffer verrühren. Abschmecken. Die Lachs-Porree-Mischung auf dem Boden verteilen. Den Guss darübergießen. Quiche im Ofen etwa 30 Minuten backen.

→ Pro Person: 670 kcal, 31 g Eiweiß, 42 g Fett, 41 g Kohlenhydrate, 4 g Ballaststoffe

KABELJAUFILET MIT WIRSING-LINSEN-GEMÜSE

Zutaten für 4 Personen:
600 g Kabeljaufilet
Salz
Pfeffer
2 EL Zitronensaft
8 dünne Scheiben Serrano Schinken (à 10 g)
1 kleiner Wirsingkohl (ca. 1,2 kg)
3 EL Rapsöl
frisch geriebene Muskatnuss
500 ml Gemüsebrühe
200 g rote Linsen
30 g Walnusskerne
100 g Sahne
2 EL Senf

ZUBEREITUNG:

1 Das Kabeljaufilet waschen, trocken tupfen und in 8 Stücke schneiden. Mit Salz und Pfeffer würzen und mit Zitronensaft beträufeln. Mit jeweils 1 Scheibe Schinken umwickeln.

2 Den Wirsing putzen, waschen und in Streifen schneiden. In einem Topf 2 EL Öl erhitzen und den Wirsing darin anbraten. Mit Salz, Pfeffer und Muskatnuss würzen. Mit der Brühe ablöschen und etwa 10 Minuten garen. Die Linsen dazugeben und weitere 5 Minuten garen.

3 Das restliche Öl in einer Pfanne erhitzen und den Fisch darin etwa 5 Minuten braten. Die Walnüsse hacken.

4 Die Sahne und den Senf unter das Gemüse mischen. Abschmecken. Mit dem Fisch anrichten. Mit den Walnüssen bestreuen.

→ Pro Person: 660 kcal, 54 g Eiweiß, 31 g Fett, 36 g Kohlenhydrate, 10 g Ballaststoffe

FISCHRAGOUT MIT SPARGEL UND ZUCKERSCHOTEN

Zutaten für 4 Personen:
je 300 g Lachs- und Rotbarschfilet
1 Bio-Orange
Salz
Pfeffer
150 g Zuckerschoten
500 g grüner Spargel
250 g Quinoa
400 ml Fischfond
5 EL Sahne
1 Bund Schnittlauch
1–2 TL Currypulver

ZUBEREITUNG:

1 Das Fischfilet waschen, trocken tupfen und in Stücke schneiden. Die Orange heiß waschen, trocken reiben und die Schale dünn abreiben. Den Saft auspressen. Den Fisch mit Salz und Pfeffer würzen und mit Orangensaft beträufeln

2 Die Zuckerschoten putzen, waschen und schräg halbieren. Den Spargel waschen, im unteren Drittel schälen und die Enden abschneiden. Den Spargel in Stücke schneiden und zusammen mit den Zuckerschoten in kochendem Salzwasser etwa 4 Minuten garen. Abgießen und kalt abschrecken.

3 Die Quinoa nach Packungsanweisung in gesalzenem Wasser quellen lassen.

4 Den Fischfond und die Sahne aufkochen. Den Fisch hineingeben und etwa 5 Minuten gar ziehen lassen.

5 Den Schnittlauch waschen, trocken tupfen und in feine Röllchen schneiden. Das Gemüse zum Fisch geben und erhitzen. Mit Curry, Salz und Pfeffer abschmecken. Mit Schnittlauch und Orangenschale bestreuen. Das Fischragout auf Quinoa anrichten.

→ **Pro Person: 540 kcal, 40 g Eiweiß, 21 g Fett, 44 g Kohlenhydrate, 8 g Ballaststoffe**

GEMÜSE

SPAGHETTI MIT TOPINAMBUR-MÖHREN-SAUCE

Zutaten für 4 Personen:

400 g Topinambur
400 g Möhren
300 g Vollkornspaghetti
Salz
1 Bund Petersilie
2 EL Olivenöl
150 ml Gemüsebrühe
150 g griechischer Joghurt (10 % Fett)
Pfeffer
40 g Walnusskerne
40 g Parmesan

ZUBEREITUNG:

1 Topinambur und Möhren putzen, schälen und in dünne Scheiben schneiden. Die Spaghetti zusammen mit dem Gemüse in kochendem Salzwasser 8 bis 10 Minuten bissfest garen.

2 Inzwischen die Petersilie waschen, trocken tupfen, die Blättchen abzupfen und in einen Rührbecher geben. Öl und Brühe dazugeben und alles fein pürieren. Den Joghurt unterrühren und mit Salz und Pfeffer abschmecken. Die Walnüsse hacken.

3 Die Nudel-Gemüse-Mischung in ein Sieb abgießen, dabei etwas Kochwasser auffangen, und tropfnass zurück in den Topf geben. Die Petersiliensauce darübergießen, untermischen und erhitzen, aber nicht kochen! Nach Wunsch noch etwas Kochwasser dazugeben. Parmesan reiben und mit den Walnüssen darüberstreuen.

➜ **Pro Personen: 560 kcal, 20 g Eiweiß, 22 g Fett, 58 g Kohlenhydrate, 24 g Ballaststoffe**

BROKKOLI-RISOTTO

Zutaten für 4 Personen:
500 g Brokkoli
Salz
40 g gehobelte Mandeln
1 Zwiebel
1 Knoblauchzehe
2 EL Olivenöl
300 g Vollkornrisottoreis
ca. 1,25 l Gemüsebrühe
1 Stange Porree
40 g Parmesan
Pfeffer
ca. 1 EL Zitronensaft

ZUBEREITUNG:

1 Den Brokkoli putzen, waschen, in kleine Röschen teilen und in Salzwasser etwa 5 Minuten garen. Herausnehmen und abtropfen lassen. Die Mandelblättchen in einer beschichteten Pfanne ohne Fett goldbraun rösten. Beiseitestellen.

2 Die Zwiebel und den Knoblauch schälen und fein würfeln. In einem großen Topf im heißen Öl glasig dünsten. Den Reis dazugeben und ebenfalls andünsten. Die heiße Brühe nach und nach unter Rühren dazugießen. Sobald die Brühe aufgesogen ist, wieder nachgießen. Währenddessen den Porree putzen, waschen und in Ringe schneiden und nach 15 Minuten daruntermischen.

3 Wenn das Risotto schön cremig ist und der Reis noch leichten Biss hat, den Brokkoli untermischen und erhitzen. Den Käse reiben und dazugeben. Mit Salz, Pfeffer und Zitronensaft abschmecken und mit den Mandeln bestreuen.

→ Pro Person: 510 kcal, 16 g Eiweiß, 21 g Fett, 61 g Kohlenhydrate, 7 g Ballaststoffe

SCHWARZWURZEL-RISOTTO MIT HASELNÜSSEN

Zutaten für 4 Personen:

750 g Schwarzwurzeln
Salz
1 Zwiebel
2 EL Olivenöl
300 g Vollkornrisottoreis
100 ml Weißwein
etwa 1 l Brühe
100 g geräucherte Putenbrust, in Scheiben
20 g Butter
Pfeffer
40 g gehackte Haselnüsse

ZUBEREITUNG:

1 Die Schwarzwurzeln schälen (siehe Tipp unten), waschen und in Stücke schneiden. In gesalzenem Wasser etwa 10 Minuten kochen. Herausnehmen und abtropfen lassen.

2 Die Zwiebel schälen und fein würfeln. Öl in einem großen Topf erhitzen. Zwiebeln darin andünsten. Den Reis dazugeben und ebenfalls andünsten. Mit dem Wein ablöschen, Flüssigkeit unter Rühren einkochen lassen. Nach und nach die Brühe unter Rühren dazugießen. Sobald die Brühe aufgesogen ist, wieder nachgießen.

3 Die Putenbrust in Streifen schneiden. Wenn das Risotto schön cremig ist und der Reis noch leichten Biss hat, die Schwarzwurzeln untermischen und erhitzen. Dann die Butter und die Putenbrust unterheben. Mit Salz und Pfeffer abschmecken. Die Haselnüsse darüberstreuen.

→ Pro Person: 580 kcal, 16 g Eiweiß, 23 g Fett, 60 g Kohlenhydrate, 23 g Ballaststoffe

TIPP

Tragen Sie beim Schälen, Waschen und Schneiden der Schwarzwurzeln am besten Handschuhe, da der Schwarzwurzelsaft die Hände langanhaltend verfärbt.

PAPRIKASCHOTEN MIT QUINOAFÜLLUNG

Zutaten für 4 Personen:
4 große Paprikaschoten
(à ca. 250 g)
250 g Quiona
Salz
½ Bio-Zitrone
1 Zwiebel
1 Knoblauchzehe
2 EL Olivenöl
600 g TK-Blattspinat
1 Chilischote
30 g getrocknete Cranberrys
500 ml Gemüsebrühe
1 EL Crème fraîche
Pfeffer
ca. 1 EL Pfeilwurzelmehl
(nach Wunsch)

ZUBEREITUNG:

1 Die Paprikaschoten waschen, oben rund um den Stielansatz jeweils einen flachen Deckel abschneiden. Die Trennwände einschließlich der Kerne herausschneiden.

2 Die Quinoa in gesalzenem Wasser nach Packungsanweisung quellen lassen.

3 Den Backofen auf 200 °C vorheizen. Die Zitrone heiß waschen, trocken reiben, die Schale abreiben und den Saft auspressen. Die Zwiebel und die Knoblauchzehe schälen, fein würfeln und in einer großen Pfanne im heißen Öl andünsten. Den Spinat dazugeben und auftauen lassen. Die Chilischote längs halbieren, entkernen, waschen und sehr fein schneiden. Die Cranberrys, die Chilischote und die Quinoa zum Spinat geben. Mit Salz, Zitronenschale und -saft kräftig abschmecken.

4 Die Quinoa-Spinat-Füllung auf die Paprikaschoten verteilen und den Deckel darauflegen. Die Paprikaschoten in eine Auflaufform setzen. Die Brühe zugießen und im Ofen 40 bis 50 Minuten garen. Falls sie zu dunkel werden, abdecken.

5 Die Schoten herausnehmen. Gemüsesud (aus der Form) und Crème fraîche in einen Topf geben und aufkochen. Mit Salz und Pfeffer abschmecken. Nach Wunsch mit Pfeilwurzelmehl binden.

→ Pro Person: 430 kcal, 15 g Eiweiß, 14 g Fett, 54 g Kohlenhydrate, 12 g Ballaststoffe

GEMÜSE-BULGUR MIT PISTAZIEN

Zutaten für 4 Personen:
400 g grüne Bohnen
300 g Tomaten
2 Zucchini
40 g getrocknete Aprikosen
Salz
1 Zwiebel
2 EL Rapsöl
Pfeffer
½ TL gemahlener Piment
½ TL gemahlener Kurkuma
1 Msp. gemahlener Kreuzkümmel
1 Msp. Zimtpulver
200 g Instant-Bulgur
30 g Pistazienkerne

ZUBEREITUNG:

1 Die Bohnen putzen und waschen. Die Tomaten waschen, Stielansatz entfernen und klein schneiden. Die Zucchini putzen, waschen und in Stücke schneiden. Die Aprikosen in Streifen schneiden.

2 Die Bohnen in gesalzenem Wasser etwa 15 Minuten kochen.

3 Währenddessen die Zwiebel schälen und fein würfeln. Das Öl in einer großen Pfanne erhitzen, die Zwiebeln darin andünsten. Die Gewürze dazugeben und kurz mit anschwitzen. Tomaten, Zucchini und Aprikosen hinzufügen, andünsten und etwa 200 ml Wasser dazugießen. Zugedeckt etwa 10 Minuten garen.

4 Den Bulgur in Salzwasser nach Packungsanweisung zubereiten. Die Bohnen durch ein Sieb abgießen und unter das restliche Gemüse mischen. Abschmecken. Mit den Pistazien und dem Bulgur anrichten.

→ **Pro Person: 360 kcal, 11 g Eiweiß, 10 g Fett, 49 g Kohlenhydrate, 11 g Ballaststoffe**

CHICORÉE MIT LACHSTATAR

Zutaten für 4 Personen:
6 Stauden Chicorée (ca. 1 kg)
2 Tomaten
300 g frisches Lachsfilet
1 Zitrone
1 EL kleine Kapern
1 TL gemahlener grüner Pfeffer
Salz
Pfeffer
1 Bund Dill
300 g Vollmilchjoghurt
1 TL Schnittlauchröllchen
2 EL Rapsöl

ZUBEREITUNG:

1 Den Chicorée putzen, waschen, längs halbieren und den Strunk entfernen. Die Tomaten waschen, den Stielansatz entfernen und fein würfeln. Das Lachsfilet waschen, trocken tupfen und sehr fein würfeln. Die Zitrone auspressen und den Saft mit den Kapern und dem grünen Pfeffer untermischen. Mit Salz und Pfeffer abschmecken.

2 Den Dill waschen, trocken tupfen und fein hacken. Den Joghurt, den Schnittlauch und den Dill verrühren. Abschmecken.

3 Das Öl in einer Pfanne erhitzen. Den Chicorée hineinlegen und etwa 4 Minuten bissfest andünsten. Den Chicorée auf Tellern anrichten und den Lachs darauf verteilen. Den Dip dazu reichen.

➜ Pro Person: 300 kcal, 21 g Eiweiß, 17 g Fett, 11 g Kohlenhydrate,5 g Ballaststoffe

GLASIERTER CHICORÉE MIT SELLERIE-KARTOFFEL-STAMPF

Zutaten für 4 Personen:
400 g Sellerie
400 g mehligkochende Kartoffeln
Salz
6 Stauden Chicorée (ca. 1 kg)
40 g Butter
3 EL Honig
250 ml Gemüsebrühe
100 ml Weißwein
125 ml Milch
Pfeffer
frisch geriebene Muskatnuss
40 g gehobelte Haselnüsse

ZUBEREITUNG:

1 Den Sellerie und die Kartoffeln schälen, waschen, in kleine Stücke schneiden und in gesalzenem Wasser etwa 20 Minuten garen.

2 Den Chicorée putzen, waschen, längs halbieren und den Strunk entfernen. In einer Pfanne 20 g Butter erhitzen, den Honig dazugeben und leicht karamellisieren lassen. Den Chicorée mit der Schnittfläche nach unten hineingeben und anbraten. Die Brühe und den Wein dazugießen und 10 bis15 Minuten schmoren.

3 Die Milch erwärmen. Die restliche Butter darin zerlaufen lassen. Die Kartoffel-Sellerie-Mischung abgießen, das Kochwasser dabei auffangen, und die Masse grob zerdrücken. Die Milch und etwas Kochwasser unterrühren und das Ganze mit Salz, Pfeffer und Muskatnuss abschmecken. Mit dem Chicorée anrichten und die Haselnüsse darüberstreuen.

→ Pro Person: 360 kcal, 8 g Eiweiß, 18 g Fett, 33 g Kohlenhydrate, 8 g Ballaststoffe

LINSENCURRY MIT BLUMENKOHL

Zutaten für 4 Personen:
1 Blumenkohl (ca. 1 kg)
250 g Möhren
1 Zwiebel
1 Stück Ingwer (20 g)
1 Chilischote
2 EL Rapsöl
Salz
Pfeffer
1 EL Currypulver
1 TL gemahlener Kurkuma
400 ml ungesüßte Kokosmilch
250 ml Gemüsebrühe
200 g rote Linsen
100 g TK-Erbsen
20 g Rosinen
½ Bund Koriander
(oder Petersilie)

ZUBEREITUNG:

1 Den Blumenkohl putzen, waschen und in kleine Röschen teilen. Die Möhren putzen, schälen und in Scheiben schneiden. Die Zwiebel und den Ingwer schälen und fein würfeln. Die Chilischote längs halbieren, nach Wunsch entkernen, waschen und hacken.

2 In einem Topf das Öl erhitzen, Chili, Ingwer und Zwiebel darin andünsten. Die Gewürze dazugeben und kurz mit anschwitzen. Mit der Kokosmilch und der Brühe ablöschen und aufkochen. Den Blumenkohl und die Möhren hinzufügen und etwa 10 Minuten garen.

3 Die Linsen in gesalzenem Wasser nach Packungsanweisung garen. Die Erbsen und die Rosinen zum Gemüse geben und weitere 5 Minuten garen.

4 Die Linsen durch ein Sieb abgießen und unter das Gemüse mischen. Mit Salz und Pfeffer abschmecken. Den Koriander waschen, trocken tupfen und die Blättchen über das Curry streuen.

→ Pro Person: 520 kcal, 21 g Eiweiß, 26 g Fett, 45 g Kohlenhydrate, 11 g Ballaststoffe

ROBERT
HERDER
CARBON
Solingen
Germany

ARTISCHOCKEN-PIZZA

Zutaten für 4 Personen:
300 g Dinkelmehl (Type 630)
Salz
10 g frische Hefe
3 EL Olivenöl
2 rote Zwiebeln
1 Knoblauchzehe
250 g stückige Tomaten (aus der Dose)
Pfeffer
1 Dose Artischokenherzen (240 g Abtropfgewicht)
150 g gekochter Schinken, in Scheiben
200 g Mozzarella
70 g Parmesan
2 EL Kapern
8 schwarze Oliven

Außerdem:
Öl fürs Blech

ZUBEREITUNG:

1 Das Mehl und ½ TL Salz mischen. Die Hefe zerbröckeln und in 160 ml lauwarmen Wasser auflösen. Das Hefegemisch und 2 EL Öl zum Mehl geben. Alles mit dem Knethaken des Handrührgeräts oder den Händen verkneten. Abgedeckt 30 Minuten an einem warmen Ort gehen lassen.

2 Inzwischen die Zwiebeln und den Knoblauch schälen und fein würfeln. In einer Pfanne im restlichen heißen Öl andünsten. Die Tomaten dazugeben und etwa 15 Minuten einkochen lassen. Mit Salz und Pfeffer abschmecken. Abkühlen lassen.

3 Die Artischocken gut abtropfen lassen und klein schneiden. Den Schinken in Streifen schneiden. Den Mozzarella abtropfen lassen und in dünne Scheiben schneiden. Den Parmesan reiben.

4 Zwei Pizzableche (24 cm ø) einölen. Den Teig auf einer bemehlten Arbeitsfläche noch einmal durchkneten, halbieren und jeweils zu einem Kreis (26 cm ø) ausrollen. Auf die Bleche geben, dabei den Rand leicht hochdrücken. Die Böden mit der Tomatensauce bestreichen. Mit Kapern, Artischocken, Schinken, Oliven und Mozzarella belegen. Mit dem Parmesan bestreuen. Die Pizzen abgedeckt 15 Minuten ruhen lassen.

5 In der Zwischenzeit den Backofen auf 220°C vorheizen. Die Pizzen nebeneinander auf der unteren Schiene 20 Minuten backen.

→ **Pro Person: 640 kcal, 36 g Eiweiß, 27 g Fett, 58 g Kohlenhydrate, 10 g Ballaststoffe**

SPARGEL-FRITTATA MIT BÄRLAUCH

Zutaten für 4 Personen:
750 g grüner Spargel
1 Bund Lauchzwiebeln
150 g mittelalter Gouda
30 g Bärlauch
4 EL Olivenöl
Salz
Pfeffer
6 Eier
2 EL Milch
500 g Tomaten
1 Bund Rucola
1 rote Zwiebel
3 EL Aceto balsamico
1 TL Ahornsirup

ZUBEREITUNG:

1 Den Spargel waschen, im unteren Drittel schälen und die Enden abschneiden. In kleine Stücke schneiden. Die Lauchzwiebeln putzen, waschen und in Ringe schneiden. Den Käse fein reiben. Den Bärlauch waschen, trocken tupfen und hacken.

2 In einer Pfanne 2 EL Öl erhitzen. Den Spargel darin etwa 4 Minuten braten. Die Lauchzwiebeln 2 Minuten mitbraten. Mit Salz und Pfeffer würzen. Eier, Milch, Bärlauch und Käse verrühren. Mit Salz und Pfeffer würzen und über den Spargel gießen. Die Frittata etwa 15 Minuten stocken lassen.

3 Die Tomaten waschen, in Scheiben schneiden, dabei den Stielansatz entfernen. Den Rucola verlesen, waschen und trocken schleudern. Die Zwiebel schälen und in feine Ringe schneiden. Alles mischen. Restliches Öl, Aceto balsamico, Ahornsirup, Salz und Pfeffer verrühren und über den Salat geben. Mit der Frittata servieren.

→ Pro Person: 400 kcal, 22 g Eiweiß, 30 g Fett, 10 g Kohlenhydrate, 4 g Ballaststoffe

DINKELNUDELN MIT KÜRBIS-CHILI-SAUCE

Zutaten für 4 Personen:
500 g Hokkaidokürbis
1 Zwiebel
1 Knoblauchzehe
1 Chilischote
3 EL Rapsöl
2 EL gehackter Thymian
30 g getrocknete Cranberrys
200 ml Gemüsebrühe
300 g Dinkelnudeln
Salz
20 g Chiasamen

ZUBEREITUNG:

1 Den Kürbis waschen, halbieren, die Kerne entfernen und mit der Schale in etwa 1 cm große Würfel schneiden. Die Zwiebel und den Knoblauch schälen und fein würfeln. Die Chilischote halbieren, entkernen, waschen und fein hacken.

2 Das Öl in einer großen Pfanne erhitzen. Zwiebel, Chili und Knoblauch darin andünsten. Kürbis, Thymian und Cranberrys dazugeben und mitandünsten. Mit der Brühe ablöschen und 10 bis 15 Minuten garen.

3 Die Nudeln in gesalzenem Wasser nach Packungsanweisung kochen. Abgießen, dabei etwas Kochwasser auffangen, und tropfnass wieder in den Topf geben. Die Sauce mit Salz abschmecken und mit den Nudeln mischen. Nach Wunsch etwas Kochwasser dazugeben. Mit den Chiasamen bestreuen.

→ Pro Person: 440 kcal, 14 g Eiweiß, 13 g Fett, 62 g Kohlenhydrate, 11 g Ballaststoffe

RÖSTKARTOFFELN MIT AVOCADOCREME

Zutaten für 4 Personen:
1,2 kg kleine festkochende Kartoffeln
150 g Kirschtomaten
1 Zitrone
2 reife Avocados
1 Knoblauchzehe
1 Bund Basilikum
1 Chilischote
200 g Vollmilchjoghurt
Salz
4 junge Löwenzahnblättchen
3 EL Rapsöl
30 g Pinienkerne

ZUBEREITUNG:

1 Die Kartoffeln waschen und mit Schale etwa 20 Minuten kochen. Die Kartoffeln abgießen, abdämpfen lassen, pellen und auskühlen lassen.

2 Die Tomaten waschen und in kleine Würfel schneiden. Die Zitrone auspressen. Die Avocados halbieren, den Kern entfernen, schälen und das Fruchtfleisch in einen Rührbecher geben. Mit dem Zitronensaft beträufeln. Die Knoblauchzehe schälen und dazudrücken.

3 Basilikum waschen, trocken tupfen und hacken. Die Chilischote halbieren, nach Wunsch entkernen, waschen und fein schneiden. Chili und Basilikum zur Avocado geben und alles mit dem Stabmixer pürieren. Den Joghurt unterrühren. Mit Salz abschmecken. Die Löwenzahnblättchen waschen, trocken tupfen und grob hacken. Die Avocadocreme in eine Schüssel geben und mit dem Löwenzahn und den Tomaten anrichten.

4 Die Kartoffeln in Scheiben schneiden und in einer beschichteten Pfanne im heißen Öl 10 bis 15 Minuten braten. Mit Salz und Pfeffer würzen. Die Pinienkerne dazugeben und kurz mitbraten. Die Kartoffeln zu der Creme servieren.

→ **Pro Person: 470 kcal, 10 g Eiweiß, 25 g Fett, 46 g Kohlenhydrate, 8 g Ballaststoffe**

MAROKKANISCHER COUSCOUS-AUFLAUF

Zutaten für 4 Personen:
1 Aubergine
1 Zucchino
100 g Staudensellerie
2 Paprikaschoten
3 EL Rapsöl
Salz
Pfeffer
3 TL Ras el Hanout (marokkanische Gewürzmischung)
150 ml Gemüsebrühe
150 g Instant-Couscous
2 Eier
100 g Schmand
100 ml Milch
2 Lauchzwiebeln
250 g Vollmilchjoghurt
2 TL gehackte Minze
10 g geschroteter Leinsamen
30 g gehackte Mandeln

Außerdem:
Fett für die Auflaufform

ZUBEREITUNG:

1 Den Backofen auf 180 °C vorheizen. Das Gemüse putzen, waschen, in Stücke schneiden und im heißen Öl etwa 5 Minuten anbraten. Mit Salz und Pfeffer würzen. Ras el Hanout dazugeben und kurz mitbraten. Mit 50 ml Brühe ablöschen und zugedeckt etwa 10 Minuten garen.

2 Den Couscous in gesalzenem Wasser nach Packungsanweisung zubereiten. Restliche Brühe, Eier, Schmand und Milch verrühren. Salzen und pfeffern.

3 Den Couscous unter das Gemüse mischen und in eine gefettete Auflaufform geben. Den Guss darüber verteilen. Im Ofen auf der zweiten Schiene von unten etwa 30 Minuten backen.

4 Die Lauchzwiebeln putzen, waschen und in feine Ringe schneiden. Mit Joghurt, Minze und Leinsamen verrühren. Den Dip abschmecken. Den Auflauf herausnehmen und mit den Mandeln bestreuen. Den Minzdip dazu reichen.

→ Pro Person: 450 kcal, 16 g Eiweiß, 25 g Fett, 36 g Kohlenhydrate, 7 g Ballaststoffe

SCHAFSKÄSE MIT OFENGEMÜSE

Zutaten für 4 Personen:
500 g festkochende Kartoffeln
250 g rote Zwiebeln
2 Paprikaschoten
½ Bund Thymian
4 EL Olivenöl
Salz
Pfeffer
400 g Schafskäse
20 g Chiasamen
300 g Tomaten
20 g getrocknete Tomaten
1 Knoblauchzehe
50 g grüne, entsteinte Oliven
50 g Bärlauch (oder Rucola)

ZUBEREITUNG:

1 Den Backofen auf 200 °C vorheizen. Die Kartoffeln schälen, waschen und je nach Größe halbieren oder vierteln. Die Zwiebeln schälen und in Spalten schneiden. Die Paprikaschoten putzen, waschen und in Stücke schneiden. Den Thymian waschen und trocken tupfen.

2 Das Gemüse und den Thymian auf ein Backblech geben und mit dem Öl beträufeln. Mit Salz und Pfeffer würzen. Im Ofen auf der mittleren Schiene etwa 20 Minuten garen.

3 Währenddessen die frischen Tomaten waschen und in Würfel schneiden, dabei die Stielansätze entfernen. Getrocknete Tomaten ebenfalls würfeln. Die Knoblauchzehe schälen, hacken und dazugeben. Die Oliven untermischen. Den Bärlauch waschen, trocken tupfen, hacken und ebenfalls dazugeben. Mit Salz und Pfeffer würzen.

4 Den Schafskäse in grobe Würfel schneiden und auf dem Gemüse verteilen. Mit den Chiasamen bestreuen. Weitere 5 Minuten im Ofen backen. Die Tomatensalsa zum Ofengemüse reichen.

→ Pro Person: 540 kcal, 21 g Eiweiß, 38 g Fett, 24 g Kohlenhydrate, 7 g Ballaststoffe

ZUCCHINI-BRATLINGE MIT KRÄUTERQUARK

Zutaten für 4 Personen:

100 g Salatgurke
500 g Speisequark (20 % Fett i.Tr.)
1 EL gehackte Petersilie
1 EL Schnittlauchröllchen
Salz
Pfeffer
40 g Walnusskerne
500 g Zucchini
2 Lauchzwiebeln
1 Knoblauchzehe
100 g Appenzeller Käse
3 Eier
150 g Dinkelmehl (Type 630)
20 g geschroteter Leinsamen
50 g Ricotta
4 EL Rapsöl

ZUBEREITUNG:

1 Für den Kräuterquark die Gurke schälen, längs halbieren, entkernen und fein würfeln. Mit Quark, Petersilie und Schnittlauch verrühren. Mit Salz und Pfeffer würzen. Die Walnüsse hacken und darüberstreuen.

2 Für die Bratlinge die Zucchini putzen, waschen, grob raspeln und trocken tupfen. Die Lauchzwiebeln putzen, waschen und in feine Ringe schneiden. Den Knoblauch schälen und fein würfeln. Den Käse fein reiben.

3 Die Eier, das Mehl und den Leinsamen verrühren. Zucchini, Käse, Lauchzwiebeln, Knoblauch und Ricotta dazugeben und unterrühren. Mit Salz und Pfeffer abschmecken.

4 Das Öl portionsweise in einer großen beschichteten Pfanne erhitzen. Aus der Zucchinimasse etwa 16 Puffer braten. Fertige Puffer auf Küchenpapier abtropfen lassen und mit dem Quark anrichten.

→ Pro Person: 630 kcal, 36 g Eiweiß, 37 g Fett, 35 g Kohlenhydrate, 8 g Ballaststoffe

HIRSEAUFLAUF MIT TOFU

Zutaten für 4 Personen:
200 g Hirse
Salz
1 kg Porree
250 g Möhren
100 g Gouda
1 Bund Petersilie
200 g Seidentofu
100 g Sahne
100 ml Milch
2 Eier
Pfeffer
1–2 EL Limettensaft
20 g kernige Haferflocken

ZUBEREITUNG:

1 Die Hirse in gesalzenem Wasser nach Packungsanweisung kochen. In ein Sieb abgießen und abtropfen lassen.

2 Den Backofen auf 200 °C vorheizen. Den Porree putzen, waschen und in Stücke schneiden. Die Möhren putzen, schälen und in Scheiben schneiden. Beides in gesalzenem Wasser etwa 4 Minuten blanchieren. Herausnehmen und abtropfen lassen.

3 Das Gemüse und die Hirse in eine Auflaufform geben. Den Käse reiben. Die Petersilie waschen, trocken tupfen und die Blättchen fein hacken. Den Seidentofu in eine Schüssel geben und zerdrücken. Die Sahne, die Milch und die Eier dazugeben und fein pürieren. Die Petersilie unterrühren. Mit Salz, Pfeffer und Limettensaft abschmecken. Den Tofuguss über dem Gemüse und der Hirse verteilen. Mit dem Käse und den Haferflocken bestreuen. Im Ofen auf der mittleren Schiene etwa 20 Minuten überbacken.

→ Pro Person: 510 kcal, 22 g Eiweiß, 23 g Fett, 47 g Kohlenhydrate, 12 g Ballaststoffe

GEFÜLLTE GEMÜSEZWIEBELN

Zutaten für 4 Personen:
4 Gemüsezwiebeln (à ca. 350 g)
Salz
1 Paprikaschote
1 Zucchino
1 Knoblauchzehe
250 g Rinderhackfleisch
2 EL Rapsöl
½ Bund Thymian
150 g TK-Erbsen
1 EL Kapern
1 EL gemahlener grüner Pfeffer
1 Ei
Paprikapulver edelsüß
Pfeffer
250 ml Gemüsebrühe
125 ml Weißwein
100 g Sahne
1–2 TL Pfeilwurzelmehl
(nach Wunsch)

Außerdem:
Fett für die Auflaufform

ZUBEREITUNG:

1 Die Gemüsezwiebeln schälen und in gesalzenem Wasser etwa 45 Minuten kochen. Die Zwiebeln herausnehmen, abtropfen und abkühlen lassen.

2 Inzwischen die Paprikaschote und den Zucchino putzen, waschen und fein würfeln. Die Knoblauchzehe schälen und fein hacken. Das Hackfleisch in einer großen Pfanne im heißen Öl krümelig anbraten. Das Gemüse und den Knoblauch dazugeben und kurz mitbraten. Abkühlen lassen.

3 Den Thymian waschen, trocken tupfen und die Blättchen abzupfen. Thymian, Erbsen, Kapern, grünen Pfeffer und Ei zu der Gemüse-Fleischmasse geben. Mit Paprika, Pfeffer und Salz kräftig abschmecken.

4 Den Backofen auf 200 °C vorheizen. Die abgekühlten Zwiebeln jeweils längs halbieren. Das Innere herauslösen und würfeln. Die Hälfte davon unter die Hackfleischmasse mischen. Den Rest in eine große, gefettete Auflaufform geben. Die Brühe und den Wein zugießen.

5 Zwiebeln mit der Hackfleischmasse füllen und in die Form setzen. Im Ofen auf der zweiten Schiene von unten 45 bis 50 Minuten garen. Die Zwiebeln herausnehmen. Den Sud aus der Form in einen Topf gießen. Die Sahne dazugeben, aufkochen und abschmecken. Nach Wunsch mit Pfeilwurzelmehl binden.

→ **Pro Personen: 450 kcal, 23 g Eiweiß, 25 g Fett, 24 g Kohlenhydrate, 8 g Ballaststoffe**

ASIATISCHES BROKKOLIGEMÜSE MIT BRATREIS

Zutaten für 4 Personen:
40 g Cashewkerne
500 g Brokkoli
400 g Zucchini
200 g Zuckerschoten
1 Zwiebel
1 Stück Ingwer (30 g)
4 EL Rapsöl
1 EL gelbe Currypaste
400 ml ungesüßte Kokosmilch
250 ml Gemüsebrühe
1 Stange Porree
200 g Vollkornbasmatireis
(am Vortag kochen)
1 EL Limettensaft
Salz
Pfeffer

ZUBEREITUNG:

1 Die Cashewkerne in einer beschichteten Pfanne ohne Fett goldbraun rösten. Beiseitestellen. Den Brokkoli putzen, waschen und in Röschen teilen. Die Zucchini putzen, waschen und in Stücke schneiden. Die Zuckerschoten putzen, waschen und schräg halbieren.

2 Die Zwiebel und den Ingwer schälen, fein würfeln. 2 EL Öl in einer großen Pfanne erhitzen. Zwiebel- und Ingwerwürfel darin andünsten. Die Currypaste dazugeben und kurz anschwitzen. Die Kokosmilch und die Brühe dazugeben, aufkochen und etwa 10 Minuten köcheln lassen. Das geschnittene Gemüse in die Sauce geben und etwa 8 Minuten garen.

3 Den Porree putzen, waschen und in feine Ringe schneiden. In einer zweiten Pfanne das restliche Öl erhitzen und den Porree und den Reis darin etwa 5 Minuten braten.

4 Das Brokkoligemüse mit Limettensaft, Salz und Pfeffer abschmecken. Mit dem Bratreis anrichten und die Cashewkerne darüber streuen.

→ Pro Person: 580 kcal, 13 g Eiweiß, 36 g Fett, 49 g Kohlenhydrate, 7 g Ballaststoffe

GEMÜSE-WEIZEN-PFANNE MIT SPIEGELEI

Zutaten für 4 Personen:
250 g Pastinaken (oder Möhren)
1 Zwiebel
1 Knoblauchzehe
2 EL Rapsöl
450 g TK-Blattspinat
Salz
Pfeffer
200 g Ebly (Sonnenweizen)
400 ml Gemüsebrühe
200 g Kirschtomaten
20 g Butter
4 Eier
1 Bio-Zitrone
frisch geriebene Muskatnuss
40 g Parmesan

ZUBEREITUNG

1 Die Pastinaken putzen, schälen und würfeln. Die Zwiebel und die Knoblauchzehe schälen, fein würfeln und in einer großen Pfanne im heißen Öl andünsten. Die Pastinaken und den Spinat dazugeben und andünsten. Mit Salz und Pfeffer würzen. Den Ebly zufügen, kurz andünsten und die Brühe dazugießen. Aufkochen und zugedeckt etwa 10 Minuten quellen lassen.

2 Die Tomaten waschen, vierteln und 5 Minuten vor Ende der Garzeit unter die Weizenpfanne mischen.

3 Die Butter in einer beschichteten Pfanne erhitzen und 4 Spiegeleier braten. Salzen.

4 Die Zitrone heiß waschen, trocken reiben und die Schale abreiben. Die Gemüse-Weizen-Pfanne mit Zitronenschale, Salz, Pfeffer und Muskat kräftig abschmecken. Den Käse darüber hobeln und mit den Spiegeleiern anrichten.

➜ Pro Person: 460 kcal, 20 g Eiweiß, 20 g Fett, 45 g Kohlenhydrate, 7 g Ballaststoffe

KICHERERBSENBÄLLCHEN MIT JOGHURTSAUCE

Zutaten für 4 Personen:
1 Dose Kichererbsen (800 g Füllgewicht)
1 Bund Petersilie
1 Zwiebel
1 Knoblauchzehe
5 EL Rapsöl
1 Ei
2–3 EL Vollkornhaferflocken
Salz
Pfeffer
½ TL gemahlenen Kreuzkümmel
150 g Endiviensalat
200 g Kirschtomaten
1 Bio-Zitrone
500 g Vollmilchjoghurt
½–1 TL Ras el Hanout (marokkanische Gewürzmischung)

ZUBEREITUNG:

1 Die Kichererbsen in ein Sieb abgießen, mit kaltem Wasser abspülen und gut abtropfen lassen. Die Petersilie waschen, trocken tupfen und die Blättchen fein hacken. Die Zwiebel und die Knoblauchzehe schälen, fein würfeln und in 1 EL heißem Öl andünsten. Abkühlen lassen.

2 Die Kichererbsen in eine Schüssel geben. Das Ei zufügen und alles fein pürieren. Zwiebelmischung, Petersilie, Haferflocken, Salz, Pfeffer und Kreuzkümmel unterkneten. Abschmecken. Aus der Masse 8 Bällchen formen.

3 Den Endiviensalat putzen, waschen, abtropfen lassen und klein schneiden. Die Tomaten waschen und in Scheiben schneiden, den Stielansatz dabei entfernen. Beides mischen. Die Zitrone heiß waschen, trocken reiben und die Schale dünn abreiben. Den Saft auspressen und über den Salat träufeln.

4 In einer beschichteten Pfanne das restliche Öl erhitzen und die Bällchen darin etwa 10 Minuten braten. Den Joghurt glatt rühren und mit Ras el Hanout, Salz und Zitronenschale abschmecken. Die Bällchen auf dem Salat anrichten und den Joghurt dazu reichen.

→ Pro Person: 430 kcal, 18 g Eiweiß, 22 g Fett, 33 g Kohlenhydrate, 8 g Ballaststoffe

FLAMMKUCHEN MIT TOPINAMBUR UND WALNÜSSEN

Zutaten für 4 Personen:
225 g Dinkelmehl (Type 1050)
½ Päckchen Trockenbackhefe
½ TL Salz
4 EL Rapsöl
150 g Ziegenfrischkäse
1 EL scharfer Ajvar (Paprikapaste)
1 kleine Knoblauchzehe
300 g Topinambur
1 Zucchino
20 g Walnusskerne
1 EL Thymianblättchen
Pfeffer
30 g Rucola
50 g Serrano Schinken, in hauchdünnen Scheiben
30 g Parmesan

Außerdem:
Fett für das Backblech

ZUBEREITUNG:

1 Mehl, Hefe, Salz, Öl und 125 ml lauwarmes Wasser zu einem glatten Teig verkneten. Zu einer Kugel formen und abgedeckt an einem warmen Ort etwa 30 Minuten gehen lassen.

2 Den Backofen auf 220 °C vorheizen. Ziegenkäse und Ajyar verrühren. Die Knoblauchzehe schälen und dazupressen. Den Topinambur schälen und in hauchdünne Scheiben schneiden. Den Zucchino putzen, waschen und in dünne Scheiben schneiden. Die Walnüsse grob hacken.

3 Den Teig auf einem gefetteten Backblech dünn ausrollen und mit Käsecreme bestreichen. Das Gemüse und den Thymian darauf verteilen, mit Salz und Pfeffer würzen. Mit den Nüssen bestreuen. Im Ofen auf der unteren Schiene etwa 20 Minuten backen.

4 Den Rucola verlesen, waschen, trocken tupfen. Den Flammkuchen herausnehmen. Mit Serrano Schinken und Rucola bestreuen, den Parmesan darüber hobeln.

→ Pro Person: 550 kcal, 23 g Eiweiß, 30 g Fett, 41 g Kohlenhydrate, 15 g Ballaststoffe

ZWIEBEL-PORREE-KUCHEN

Zutaten für 4 Personen:
½ Würfel frische Hefe
450 g Dinkelmehl (Type 1050)
1 TL Honig
50 g Inulinpulver (wenn kein Inulinpulver vorhanden, dann 50 g mehr Dinkelmehl für den Teig verwenden)
1 EL geschroteter Leinsamen
Salz
3 EL Rapsöl
500 g Zwiebeln
500 g Porree
100 g geräucherte Putenbrust, in Scheiben
150 g saure Sahne
3 Eier
Pfeffer
Kümmel

Außerdem:
Fett für die Form

ZUBEREITUNG:

1 Die Hefe zerbröckeln. 1 EL Mehl, Honig und 5 EL lauwarmes Wasser unterrühren. Den Vorteig abgedeckt an einem warmen Ort 15 Minuten gehen lassen.

2 Restliches Mehl, Inulinpulver, Leinsamen und 1 TL Salz mischen. Vorteig, 2 EL Öl und 250 ml lauwarmes Wasser hinzufügen und zu einem glatten Teig verkneten. Sollte der Teig etwas zu fest sein, noch 2 bis 3 EL lauwarmes Wasser unterkneten. Abgedeckt an einem warmen Ort etwa 45 Minuten gehen lassen.

3 Die Zwiebeln schälen und würfeln. Den Porree putzen, waschen und in feine Ringe schneiden. Beides in 1 EL heißen Öl etwa 10 Minuten dünsten. Die Putenbrust würfeln und untermischen.

4 Den Backofen auf 200 °C vorheizen. Den Teig noch einmal durchkneten, dann auf einer gefetteten Fettfangschale ausrollen, dabei den Teig am Rand hochdrücken. Abgedeckt noch einmal 15 Minuten ruhen lassen.

5 Die saure Sahne und die Eier verrühren und mit der Zwiebel-Porree-Mischung vermengen. Kräftig mit Salz, Pfeffer und Kümmel abschmecken. Auf den Teig geben und im Ofen auf der zweiten Schiene von unten etwa 40 Minuten backen.

➜ Pro Person: 740 kcal, 34 g Eiweiß, 21 g Fett, 92 g Kohlenhydrate, 20 g Ballaststoffe

VOLLKORNSPAGHETTI MIT GRÜNEM SPARGEL UND PESTO

Zutaten für 4 Personen:

75 g Petersilie
8 junge Blätter Löwenzahn
40 g getrocknete Tomaten
40 g Walnusskerne
8 EL Olivenöl
Salz
Pfeffer
750 g grüner Spargel
400 g Vollkornspaghetti
100 g Kirschtomaten
50 g Parmesan

ZUBEREITUNG:

1 Die Petersilie waschen, trocken tupfen, die Blättchen abzupfen. Den Löwenzahn waschen, trocken tupfen. Getrocknete Tomaten in Streifen schneiden. Die Walnüsse hacken. Alles in einen hohen Rührbecher geben und mit dem Öl fein pürieren. Das Pesto mit Salz und Pfeffer abschmecken.

2 Den Spargel waschen, im unteren Drittel schälen und die Enden abschneiden. In Stücke schneiden. Die Spaghetti in gesalzenem Wasser nach Packungsanweisung kochen. Den Spargel etwa 5 Minuten mitkochen.

3 Die Tomaten waschen und vierteln. Die Nudel-Spargel-Mischung durch ein Sieb abgießen, dabei etwas Kochwasser auffangen, und tropfnass zurück in den Topf geben. Die Tomaten und das Pesto untermischen. Etwas Kochwasser dazugeben. Den Parmesan darüber hobeln.

➜ Pro Person: 700 kcal, 23 g Eiweiß, 34 g Fett, 67 g Kohlenhydrate, 16 g Ballaststoffe

FENCHEL-QUINOA-CURRY

Zutaten für 4 Personen:
2 Fenchelknollen
1 Paprikaschote
1 kleine Stange Porree
1 Zwiebel
1 Stück Ingwer (20 g)
2 EL Rapsöl
1 TL gemahlener Kurkuma
2 TL Currypulver
50 g getrocknete Cranberrys
200 g Quinoa
ca. 400 ml Gemüsebrühe
Salz
Pfeffer
40 g gehackte Mandeln

ZUBEREITUNG:

1 Den Fenchel und die Paprika putzen, waschen und in Streifen schneiden. Das Fenchelgrün aufbewahren. Den Porree putzen, waschen und in kleine Stücke schneiden.

2 Die Zwiebel und den Ingwer schälen, fein würfeln. In einer großen Pfanne im heißen Öl andünsten. Kurkuma und Curry dazugeben und kurz anschwitzen. Das Gemüse dazugeben und andünsten. Die Cranberrys und die Quinoa untermischen und mit der Brühe ablöschen. Aufkochen und bei geringer Hitze etwa 20 Minuten quellen lassen. Eventuell noch etwas Brühe dazugeben.

3 Das Curry mit Salz und Pfeffer abschmecken. Das Fenchelgrün und die Mandeln darüberstreuen.

→ Pro Person: 340 kcal, 11 g Eiweiß, 11 g Fett, 47 g Kohlenhydrate, 9 g Ballaststoffe

ÜBERBACKENE ZUCCHINI

Zutaten für 4 Personen:
4 Zucchini
1 kleine Dose weiße Bohnen
(400 g Füllmenge)
500 g Tomaten
1 Aubergine
1 Zwiebel
2 Knoblauchzehen
3 EL Rapsöl
½ Bund Thymian
Salz
Pfeffer
Chiliflocken
30 g Sonnenblumenkerne
200 g Schafskäse
50 g griechischer Joghurt
(10 % Fett)

ZUBEREITUNG:

1 Den Backofen auf 200 °C vorheizen. Die Zucchini putzen, waschen und der Länge nach halbieren. Das Fruchtfleisch mit einem Löffel herauslösen, dabei einen Rand stehen lassen.

2 Die Bohnen in ein Sieb abgießen, kalt abspülen und gut abtropfen lassen. Tomaten häuten (siehe Tipp Seite 137) und in Würfel schneiden. Die Aubergine putzen, waschen und in Stücke schneiden. Die Zwiebel und die Knoblauchzehen schälen und fein würfeln. Die Auberginenstücke im heißen Öl etwa 5 Minuten kräftig anbraten. Zwiebel und Knoblauch zufügen und kurz mitbraten. Die Tomaten und die Bohnen untermischen und 5 Minuten dünsten.

3 Den Thymian waschen, trocken tupfen und die Blättchen in die Auberginen-Tomaten-Sauce geben. Mit Salz, Pfeffer und Chili würzen. In eine Auflaufform geben. Die Zucchini hineinlegen.

4 Die Sonnenblumenkerne grob hacken. Den Schafskäse fein zerdrücken und den Joghurt und die Kerne unterrühren. Die Käsemasse auf die Zucchini verteilen. Im Ofen auf der zweiten Schiene von unten 20 bis 25 Minuten überbacken.

→ Pro Person: 410 kcal, 21 g Eiweiß, 24 g Fett, 23 g Kohlenhydrate, 7 g Ballaststoffe

REZEPTREGISTER

LITERATUR

Bartosch, S., Fite, A., Macfarlane, G.T. et al. (2004) »Characterization of bacterial communities in feces from healthy elderly volunteers and hospitalized elderly patients by using real-time PCR and effects of antibiotic treatment on the fecal microbiota.« *Appl Environ Microbiol.* 70: 3575–3581

Biermann, D. (2014) »Polyphenole wirken – aber wie?« *Pharmazeutische Zeitung online* 42/2014 URL: www.pharmazeutische-zeitung.de/index.php?id=54633

Brahe, L.K., Le Chatelier, E., Prifti, E. et al. (2015) »Dietary modulation of the gut microbiota – a randomised controlled trial in obese postmenopausal women.« *Br J Nutr* 114(3):406–17

Caesar, R., Tremaroli, V., Kovatcheva-Datchary, P. et al. (2015) »Crosstalk between Gut Microbiota and Dietary Lipids Aggravates WAT Inflammation through TLR Signaling.« *Cell Metabolism* 22: 658–668

Chen, Y. S., Jan, R. L., Lin, Y. L. (2010) »Randomized placebo-controlled trial of Lactobacillus on asthmatic children with allergic rhinitis.« *Pediatr Pulmonol* 45:1111–20

David, L.A., Maurice, C.F., et al (2014) »Diet rapidly and reproducibly alters the human gut microbiome.« *Nature* 23;505(7484):559–63

Dissanayake, E., Shimojo, N. (2016) »Probiotics and Prebiotics in the Prevention and Treatment of Atopic Dermatitis.« *Pediatric Allergy, Immunology and Pulmonology* 29(4): 174–180

Dueñas, M., Muñoz-González, I., Cueva, C. et al. (2015) »A Survey of Modulation of Gut Microbiota by Dietary Polyphenols.« *Biomed Res Int.* 2015: 850 902

Gebhardt, U. »Das Organ der Superlative.« In: *Mikrobiom – Was unsere Bakterien über uns verraten,* Spektrum der Wissenschaft, Heidelberg, 2016

Groeger, D., O'Mahony, l., Murphy, E.F. et al. (2013) »Bifidobacterium infantis 35 624 modulates host inflammatory processes beyond the gut.« *Gut Microbes* 4(4): 325–339.

Hahne, D. (2013) »Intestinale Mikrobiota – Ein »Ökosystem« mit Potenzial.« *Deutsches Ärzteblatt* 110/8, A-320/B-295/C-295

Heß, S. »Einzigartiger Fingerabdruck«. In: *Mikrobiom – Was unsere Bakterien über uns verraten.* Spektrum der Wissenschaft, Heidelberg, 2016

Le Chatelier E., Nielsen T., Quin J. et al. (2013) »Richness of human gut microbiome correlates with metabolic markers.« Nature 500, 541–546

Ley R.E., Turnbaugh P.J., Klein S., Gordon J.I. (2006) »Microbial ecology: Human gut microbes associated with obesity.« *Nature* 444, 1022–1023

Messaoudi, M., Lalonde, R., Violle, N. et al. (2011) »Assessment of psychotropic-like properties of a probiotic formulation (Lactobacillus helveticus R0052 and Bifidobacterium longum R0175) in rats and human subjects.« *Br J Nutr* 105(5):755–64

Neufeld, K.-A. M., Kang, N., Bienenstock, J. et al. (2011) »Reduced anxiety-like behavior and central neurochemical change in germ-free mice.« *Neurogastroenterol Motil* 23:3

Neufeld, K.-A. M., Kang, N., Bienenstock, J., et al (2011) »Effects of intestinal microbiota on anxiety-like behavior.« *Commun Integr Biol* 4(4): 492–494

Njike, V.Y. Yarandi, N., Petraro, P. et al. (2016) »Inclusion of walnut in the diets of adults at risk for type 2 diabetes and their dietary pattern changes: a randomized, controlled, cross-over trial.« *BMJ Open Diabetes Research and Care* 4:e000 293

Queipo-Ortuño, M.I. et al. (2012) »Influence of red wine polyphenols and ethanol on the gut microbiota ecology and biochemical biomarkers.« *Am J Clin Nutr.* 95:1323–1334

Pärtty, A., Kalliomäki, M., Wacklin, P. et al. (2015) »A possible link between early probiotic intervention and the risk of neuropsychiatric disorders later in childhood: a randomized trial.« *Pediatric Research* 77: 823–828

Remely, M., Tesar, I., Hippe, B. (2015) »Gut microbiota composition correlates with changes in body fat content due to weight loss.« *Beneficial Microbes* 6(4): 431–439

Smith, P., Willemsen, D., Popkeseren, M. (2017) »Regulation of life span by the gut microbiota on the short-lived african turquoise killifish.« *bioRxiv* (preprint first posted). URL: http://biorxiv.org/content/biorxiv/early/2017/04/06/120980.full.pdf

Zareie, M., Johnson-Henry, K., Jury, J. et al. (2006) »Probiotics prevent bacterial translocation and improve intestinal barrier function in rats following chronic psychological stress.« *Gut* 55:1553–1560